영성 세계로의 여행 4

성령 영성
성령의 능력으로 갈릴리에

| 이강천 지음 |

쿰란출판사

추천사

황덕형
서울신학대학교 총장

　한국을 대표하는 영성의 대가 중 한 분이신 이강천 목사님께서 사랑하는 후배들을 위해서 친절하게 자신의 체험을 전수해 주시는 귀한 글을 남겨주셨습니다.
　이 책은 플라톤의 《대화록》 형태로 소크라테스가 그의 제자들과 대화하면서 진리에 가까이 가려고 한 것 같은 형태를 취하고 있습니다. 이 목사님과 직접 만나면서 대화를 하는 것 같은 착각 속에 빠지게 될 것입니다. 그만큼 이 책은 신학생들과 대학생들의 실제적인 대화를 중심으로 짜여 있어 소통과 접근성에서부터 탁월한 점을 가지고 있습니다.
　더욱이 그 내용들 역시 우리 목회 현장에서 만나게 되는 실제적인 상황과 연관되어 있음을 발견할 수 있습니다. 경건을 위한 훈련에서 시작하여 친교, 사명, 성령, 전도, 일터, 신유 그리고 설교에 이르는 아주 특별하고도 실제적인 영성의 구체적인 현장들을 아우르는 내용들입니다. 우리 교회의 성도들에게만 아니라 특히 미래 우리 나라의 영적 세계를 책임져야 할 신학생들에게는 아주 커다란 지침서가 될 것입니다.

솔직히 오늘날의 신학교육이 지나치게 지성 위주로 치우쳐 있어서 이를 극복하기 위한 실제적이며 실천적인 영성 프로그램들이 아쉬웠던 차에 이강천 목사님의 글은 커다란 도움이 되리라고 확신합니다. 더욱이 실제로 바나바훈련원을 시작하시고 그것을 발전시키셨던 모든 경험들이 그대로 쌓여 있어서 이 책은 영적 성장을 원하는 모든 분들에게 나침반으로, 어둔 바다의 등대 역할을 충실히 하게 되리라고 확신합니다.

2020년 9월

추천사

김정호
바나바훈련원 원장

《영성 세계로의 여행》이 출판되는 것을 기뻐하고 축하드립니다. 본 책의 저자는 저의 스승이십니다. 인생 여정에서 아주 우연히 저자를 만났습니다.

스승을 만나기 전까지는 영성에 대한 갈증을 느꼈고, 비전과 사명에 대한 불확실성의 짐이 너무 크고 무거웠습니다. 하지만 저자를 만나면서 무기력했던 영성이 타오르기 시작했습니다. 비전이 선명해졌으며 사역을 어떻게 해야 하는지, 사역의 철학이 세워지기 시작했습니다. 저자를 만난 것은 저의 생애에 선물이었습니다.

본 책은 저자가 주님의 비전을 품고 달리는 젊은 세대들을 위해 새롭게 가다듬은 작품입니다. 그동안 한국교회와 세계 선교 현장 가운데 저자가 집필한 매뉴얼이 현장에서 사역자를 세워 왔습니다. 저자가 가르치고 체계화한 매뉴얼이 여러 나라 여러 곳에서 현재 역동적으로 적용되고 있는데, 바로 그 자신의 매뉴얼을 신학대학원생들, 캠퍼스의 젊은이들을 위해서 특별 제작한 것입니다. 이것은 마치 야생의 동물들 가운데 어미가 소화력이 부족한 새끼들을 위해서 자신이 소화를 시킨 것을 토하여 먹이듯 쉽게 풀이한 것입니다.

저자는 이미 현직에서 오래전 은퇴하였습니다. 저자는 스스로 본인이 노구(老軀)이며 총명의 한계가 있음을 고백하였습니다. 그런데 젊은이들 앞에서는 새 힘이 솟구침을 경험했습니다. 본래 저자는 한국 유수 교단의 교수로 신학생들을 가르쳤습니다. 하지만 건강의 악화로 모든 공직을 떠나게 되었습니다. 그래서 저자의 영성을 '보리피리'라 부릅니다.

  새봄에 대지를 뚫고 자라기 시작한 보리 대궁이 열매를 맺지 못하고 푸른 계절에 줄기째 잘라졌습니다. 하지만 하나님이 잘려진 대궁에 생명을 불어넣자 보리피리 소리를 내었고, 그 소리를 들은 상처받아 신음하던 목회자, 선교사들이 살아나게 된 것입니다.

  저자는 그를 찾는 이들에게 주님의 지상명령의 처소인 땅 끝을 달려가게 했습니다. 그런 저자가 과거 그가 신학대학교 교수였음에도 잃어버렸던 영토인 신학대학원생들과 캠퍼스의 젊은이들 곁으로 다가와 본 책을 나누는 것은 아마도 그곳이 저자의 땅 끝으로 여겨집니다.

  본 책을 읽는 신학대학원생, 캠퍼스의 젊은이들은 멋진 영성 여행을 경험하게 될 것입니다. 그래서 영성과 비전과 사역의 원리가 정리될 것입니다. 마치 새봄에 농부가 경작을 위해 전답을 비옥한 땅으로 가꾸듯이 생명을 낳고 기르는 영성으로 세워질 것입니다.

끝으로 저자의 노고에 감사의 마음을 드리며 스스로에게 정진을 다짐합니다.

2020년 9월

추천사

영원한 그리움의 여정

지형은
말씀삶공동체 성락성결교회 목사

영성이란 단어는 기독교에서 1960년대 이후에 신학과 신앙의 논리에서 사용되기 시작했습니다. 가톨릭이나 정교회도 마찬가지입니다. 영성 또는 영성신학이 가톨릭이나 정교회의 전통에서는 아주 오랜 역사를 가졌다고 말하는 것은 '영성과 연관된 표현들'을 소급해서 불러낸 결과입니다. 기독교 역사에서 보면 영성이란 단어가 주제적으로 쓰이기 시작하기 전에 이 단어의 뜻을 가진 말이 '경건'입니다. 그러나 요즘 영성이란 단어가 경건의 자리를 대신 차지하고 있습니다. 충분히 사명을 다하고 있는지는 신학적으로 좀 더 두고 봐야 할 일입니다.

이강천 목사님은 기독교 영성을 "하나님을 만나고 하나님과 교제하고 하나님과 함께 살고 하나님과 함께 일하는 삶"이라고 정의합니다. 경건이란 헬라어 단어 '유세베이아'(εὐσεβεία)가 정확하게 이런 뜻입니다. 다른 각도로 본다면 영성이란 말은 기독교 신앙의 본질에 관한 것입니다. 인류 역사에서 시대의 정신이 큰 변혁을 이루는 시기마다 기독교는 그 시대에 어떻게 기독교 신앙을 설명할까 하는 문제를 안고 씨름했습니다. 그때마다 나온 주제가 '기독교의 본질이 무엇인가' 하는 것입니다. 저자는 젊은이들과 함께 기독교의 본질 곧 기독교 영성의 여정을 순례합니다.

저는 저자 이강천 목사님을 오래전부터 알고 있습니다. 신학교 시절에 존경하는 교수님이셨습니다. 저자는 영성의 여정에 관한 여러 주제를 무엇보다 자신의 삶으로 설명하고 있습니다. 저자가 걸어온 삶의 여정을 그래도 어느 정도 알고 있는 저로서는 글을 읽으며 이분의 삶의 발자국이 떠올랐습니다. 제자들과 후배들에게 이정표와 출구를 보여주셨던 걸음들 말입니다.

영성과 연관하여 저자는 이미 출간된 한 권의 책까지 합하여 모두 여덟 개의 주제를 다룹니다. 경건, 친교, 사명, 성령, 전도, 일터, 신유, 설교입니다. 그러나 제게는 이 여덟 개의 주제가 여덟 개이면서 동시에 거대한 하나의 흐름이며 수원지로 읽힙니다. 저자는 그리스도인으로서 걸어온 삶의 경험과 간증에 신학자로서 가진 신학적 논리를 더해서 대화체로 풀어냅니다. 거기에다 목회자요 선교사요 세계 많은 곳을 다니며 집회를 인도하신 순회 설교자의 깊은 영적 통찰이 어우러져 있습니다. 글에 인용된 성경 구절과 그에 대한 설명 또는 해석은 물이 흐르듯이 자연스럽고 높은 산과 깊은 계곡처럼 뚜렷한 인상을 줍니다.

저자는 젊은이들을 여러 곳으로 안내합니다. 충남 서산의 황금산 산행을 거쳐 바닷가로, 선유도의 오 목사님 내외와의 만남으로, 망향기도원과 갈릴리기도원으로, 당진 왜목마을의 일출로…. 영성에 관한 저자의 이야기는 언제나 길 위에서 펼쳐집니다. 아, 이것은 저자가 살아온 삶을 생각하면 얼마나 잘 어울리는 것인지 모릅니다! 그렇습니다. 이강천 목사님은 한자리에 머물지 않았습니다. 신학자로서 연구실에만 머물지 않았고 목회자로서 한 교회에 오래 머물지도 않았습니다. 성결교단의 선교 정책을 이끄는 수장으로서 혼신을 다해 뛰었지만 거기에도 둥지를 틀지 않았습니다. 저자는 영적인 노마드(nomad)로서 끊임없이 길 위에 있었습니다.

저자는 당진 왜목마을에서 일출을 찍습니다. 신유의 중심이 능력보다는 사랑이라고 해석하면서 송곳 같은 바위 위로 붉은 달덩이처럼 솟아오른 태양을 찍습니다. 많이 알려진 대로 이강천 목사님은 사진작가면서 시인이기도 합니다. 그러고 보니 이분은 살아오면서 했던 일의 종류에서도 늘 길 위에 있었습니다. 예술가로서 이분이 지금도 걷고 있는 길과 연관하여 제가 짐작하는 일이 있습니다. 저자에게는 아직까지 쓰지 않은, 어쩌면 쓰지 못한 이야기가 있다고 보입니다. 삼위일체 하나님의 창조세계에 담긴 아름다운 이야기입니다. 사진작가이면서 시인인 저자의 평생 숙제일 것입니다.

　이 숙제를 신학적으로 말하면 '일반계시에 담긴 특별계시의 비밀을 풀어내는 작업'입니다. 보통 복음주의 신앙이 확고한 분들이 예수 그리스도의 십자가에 토대를 둔 특별계시를 강조합니다. 심장과 같은 이 진리에 비하면 일반계시 또는 자연계시의 가치는 한참 낮은 것으로 생각합니다. 그러나 예수의 십자가에서 그리스도를 만나서 새로운 삶을 찾은 수많은 신앙의 선배들은 그 신앙의 깊이로 들어가면서 창조세계의 자연계시가 얼마나 깊은 것인가를 깨달았습니다. 이분들에게는 신학적인 논리를 넘어 특별계시와 자연계시가 하나입니다. 자연에 담긴 그 위대한 진리는 아가서의 사랑과 함께 말로는 도무지 다 표현하지 못할 감격입니다. 여기에서 진리는 사랑이라고 불리고 신비라고도 불립니다. 이 진리를 맛보고는 말이나 글, 그

림이나 영상 등 그 어떤 것으로도 다 담지 못해서 그저 그분 앞에서 떨며 감격할 뿐입니다.

  하나님을 믿으며 삶의 길을 걸었던 수많은 신앙인들이 결코 이르지 못했던 이 순례의 길은 그래서 '영원한 그리움의 여정'입니다. 저자가 걷고 있는 이 길을 이분의 사진 작업과 시에서 조금 짐작할 뿐입니다.

2020년 9월

추천사

송재기
경북대학교 교수
전국대학교수 선교연합회 회장 역임

　기독교 역사상 유례를 찾기 힘든 부흥을 맛보며 우리 사회 발전의 선도적 역할을 감당했던 한국교회와 하나님 나라 확장을 위한 목회자 배출에 매진해 온 신학대학이 세속화와 영적 타락으로 쇠퇴의 길을 걸어가고 있습니다. 안타까운 일입니다.

　그동안 신학대학은 학문적인 요건을 충족하는 목회자 양성소 역할을 했으며 교회는 양적인 팽창으로 외형적인 규모를 키우는 데 관심을 가져왔습니다. 우리 사회에서 한 사람 목사의 영향이 얼마나 큰지를 생각한다면 신학과 더불어 철저한 영성 훈련을 통하여 균형 있는 목회자를 배출하여 우리 사회의 미래를 책임지게 할 책임과 의무가 있습니다.

　이강천 목사님의 《영성 세계로의 여행》은 오랜 경험과 훈련을 통하여 만들어진 '실천영성 훈련' 실습 교재와 같습니다. 그동안 신학교와 교회가 조금 소홀히 했던 부분을 청년들과의 대화를 통하여 경건 영성, 친교 영성, 사명 영성, 성령 영성, 전도 영성, 일터 영성, 신유 영성, 그리고 증식 영성을 자세히 귀납법적으로 풀어내고 있습니다. 신앙인의 삶을 천국으로 가는 순례의 길로 표현한다면 삶 속에서 직면하는 다양한 형태의 일들을 머리가 아니라 가슴으로, 실제 삶 속에서 확인할 수 있는 실습 교본이라 말할 수 있습니다.

　추천인은 대학교수로 캠퍼스에서 학생들에게 세상 학문을 가르치고 있는데, 지식 전달만이 아니라 '언행'(言行)이 일치되는 삶으로 학문을 하는 것을 목표로 합니다. 이런 의미에서 신학은 세상 학문과 다릅니다. 신학은 믿음을 말씀으로 풀이하면서 가장 큰 계명을 살아내는 사랑의 영성과 최고의 지상명령을 실현하는 선교의 영성을 삶 속에서 나타내야 하기 때문에 '심언행'(心言行)이 삼위일체가 되어야 합니다.

　따라서 이강천 목사님의 《영성 세계로의 여행》을 현재 신학교의 커리큘럼에 실천 영성 혹은 영성 훈련 관련 과목을 필수과목으로 정하여 예비 목회자들에게 철저한 영성 훈련을 통하여 '언행'(言行) 일치에서 '심언행'(心言行) 삼위일체를 실천할 수 있도록 활용하고, 청년 대학생 교육이나 특히 교회학교 교사 세미나에서 삼위일체의 코이노니아 영성을 훈련시켜 자라나는 어린 심령들에게 올바른 영성을 가르치며, 구경꾼으로 앉아 있는 평신도들에게 사명감으로 열정을 회복할 수 있는 평신도 교육에 활용한다면, 쇠락의 길로 달려가는 우리 사회에서 기독교가 신뢰를 회복하고 세상을 변화시키는 새로운 부흥의 역사를 쓰게 되리라 생각되어 정독하며 실천해 보기를 적극 추천합니다.

2020년 9월

추천사

이상식
계명대 언론영상학과 교수
Visual Worship Institute Korea 대표

이 시대의 중요한 문제를 꼽으라고 하면, 나는 주저 없이 두 가지를 들겠다. 먼저 사람들이 외부 세계에 대해서 지나친 관심을 보인다는 것이다. 반면, 사람들이 내면세계에 대해서 관심이 많지 않다는 점이다. 외부 세계에 더욱 많은 관심을 보이는 이유는 외부 세계가 가시적이기 때문이다. 외부 세계는 매력적이고, 급하고, 목소리가 크다. 외부 세계에서 외모, 부는 물론이고 교육을 비롯한 다양한 스펙이 현대인들을 쫓기게 만든다.

한편 내면세계는 사랑, 신앙과 같은 눈에 보이지 않는 것들이 있다. 내면세계는 늘 뒷전으로 밀린다. 내면세계가 외부 세계보다 중요하지 않은 것은 결코 아니다. 그 이유는 내면세계가 외부 세계를 결정하기 때문이다. 내면세계는 우리 삶의 조정실과 같은 역할을 한다. 내 삶의 조정자로서 살기 위해 내면세계의 질서를 찾는 것은 매우 중요하다. 외부 세계에 쫓겨 살다 보면, 내면세계는 엉망진창이 되고 만다.

우리 사회에서 성공한 자들 가운데, 외면 세계는 화려한데 내면세계는 망가진 자들이 적지 않다. 소위 '성공한 못난이'들이다. 비록 사회적으로 바쁘게, 열심히 살아 성공했으나, 실제 그들의 내면세계는 뒤죽박죽이다. 결국 이들이 겪는 공통적인 삶의 결과는 사막화이다.

삶이 사막처럼 서서히 메말라가면서, 삶이 함몰되어 간다. 대통령, 재벌 대표, 유명 탤런트, 심지어 교육 지도자 가운데서도 함몰 웅덩이처럼 내려앉자 삶을 포기한 소식이 종종 우리를 충격에 빠뜨린다.

이 책은 이 시대의 이러한 문제를 해결하기 위한 답을 제시한다. 저자가 내놓은 해결책은 내면세계의 질서를 찾기 위한 '영성'이다. 최근 들어 국내외 신학계에서 영성 신학에 대해 관심이 부쩍 높아진 것 같다. 하지만 국내 신학교에서 교과목으로 제도화되어 있지 않은 아쉬움이 있다. 현대인들이 앓고 있는 질병들이 '영성의 결여'에서 비롯되었지만, 그동안 한국 교계는 도외시한 경향이 있다. 한국 교회 목회자들이나 중직자들은 밖으로 드러나는 성과주의에 치중한 결과, 그 역기능에 적잖게 당황하고 있다. 영적 리더십이 아니라, 인간적 노력에 의존하였기에 당연한 결과라고 판단된다. 이로 인해 세상 사람들이 교회를 걱정할 지경이 되었다.

저자는 귀납적으로 영성과 관련된 주제를 풀어나간다. 이 책은 한국 기독교 지도자는 물론이고, 한국 교인들이 다시 부흥할 수 있는 길을 매우 근본적, 실천적, 체계적으로 제시한다. 그리고 중요한 명제들을 명확하게 제시한다. 접근 방법이 매우 현실적이어서 문제 해결에 설득력이 있다. 저자가 직접 체험한 내용이기에 힘이 있고 감동을 준다. 감히 우리가 이렇게 할 수 있을까 싶을 정도로 저자가 몸소 보여주는 영성의 수준이 탁월하다. 저자는 지금까지 대학 교육, 교회 목회, 선교와 훈련 사역 현장에서 탁월한 영적 리더십을 보여주신 분이기에 가능하였으리라. 저자의 삶에 존경과 함께 감사의 말씀을 드린다.

나는 소통과 사진을 연구하고 있다. 기독 영성으로 사진을 찍고 글을 쓰려고 노력한다. 글과 사진으로 생각의 폭을 더하고, 삶과 신앙의 깊이를 더해 나가기 위해 날갯짓을 하고 있다.

이강천 목사님은 오랜 기간 동안 영성으로 사진을 찍고, 시를 쓰신 분이다. 이분의 사진과 시를 보노라면 수정처럼 맑고 빛이 난다. 나는 이분의 학처럼 고매한 삶의 영성을 닮고 싶다. 요즘 나는 저자가 제시한 영성을 음미하면서 사진과 글에 반영하고 있다. 나의 기도가 달라지고 있다. 주님께서 가르쳐 주신 기도를 저자가 제시한 방법대로 따라 하니, 기도의 넓이와 깊이가 더해지는 즐거움을 누리고 있다. 영성으로 가득 찬 나의 미래 사진과 글을 생각만 해도 행복하다.

2020년 9월

추천사

유정민
캠바훈 대표

저자의 글에는 하나님을 향한 순결한 마음이 가득합니다.
저자의 글에는 진리를 전하고자 하는 열망이 가득합니다.
저자의 글에는 삶으로 하나님과 동행한 흔적이 가득합니다.

이 이상 저로서는 주제넘게 무슨 추천사를 쓸 수가 없습니다.
저자의 글을 읽게 된다면, 일평생 주님을 따랐던 그 영성을 이어가기를 갈망하는 마음이 커져가게 될 것입니다.

2020년 9월

머리말

　최근 한 후배 목사를 통하여 현재 모 신학대학원 M. Div. 학생 10여 명이 저를 만나기를 원한다고 하여 만나보았습니다. 그들은 신학교에서의 메마른 영성으로 인하여 영성을 지도해 줄 멘토가 필요한데 나더러 멘토가 되어 달라는 것이었습니다. 한 달에 한 번씩 그들을 만나서 내가 걸어온 영적 경험들을 간증하며 나누어 주었고 각자 개인적 영성 훈련을 하도록 권했으며 코이노니아 영성을 경험하도록 매주 함께 한 차례 모여 삶을 나누고 서로를 위하여 기도하는 모임을 갖도록 권하여 그렇게 하고 있습니다.

　그들은 나의 간증이 많은 도움이 되고 힘이 된다고 고마워했습니다. 그러다 생각해 보니 이들은 나와 한 1년 동안 모이게 될 것인데 그러면 10여 명과 멘토링하고 끝나는 것이고 내가 언제까지 또 다른 팀을 만나며 그렇게 멘토링을 할 것인가 생각하니 아쉽기 짝이 없습니다.

　그래서 교회 성장 원리 중 증식의 원리를 이들에게도 적용해야겠다는 생각을 하게 되었습니다. 나와 만나던 그들 11명이 이제 후배들을 몇 명씩이든 만나며 코이노니아 모임을 매주 가지며 한 달에 한 번은 나와 만나는 대신 내가 쓴 책을 공통으로 읽고 나누는 학습 모임으로 하면 내가 더 이상 그들을 직접 만나지 않아도 나의 멘토링을 이어가는 모임이 대를 이어서 이루어질 수 있다는 생각이 들었습니다. 이렇게 되면 나와 만나던 친구들은 다른 후배들을 지도하는 지도자로 성장하게 될 것입니다. 이것이야말로 일석이조가 되는 것이지요.

그래서 내가 그들에게 나누어 주던 간증과 가르침을 책으로 써야겠다는 사명감이 일어난 것입니다. 그래서 이 《영성 세계로의 여행》 시리즈를 엮게 되었습니다. 여기에서 나누는 내용들은 새로운 것은 아니고 내가 이미 바나바훈련원에서 가르치고 여러 다른 책에서 다루고 나눈 것들입니다. 어쩌면 재편집이라 할 수 있을 것입니다. 그러나 이번에는 젊은이들이 읽기 편하게 대화체로 썼습니다.

처음에는 신학생을 위한 영성 훈련 참고서로 쓰려고 생각했는데 독자층을 조금 넓혀 쓰게 되었습니다. 캠바훈이라는 캠퍼스 선교 단체가 나의 교재들을 사용하고 있는데, 그들도 사용하기를 원하는 마음이 보태졌습니다. 게다가 교수님들 가운데 교제하는 분들도 있고 교수선교회에서 헌신하는 교수님들과 그분들의 제자화 노력에 보탬이 되기를 원하는 마음이 첨가되었습니다. 또한 캠퍼스 사역자들의 영성 훈련 참고서가 되기를 원했습니다. 그래서 대화체로 쓰되 신학생 한 명과 남녀 대학생 한 명씩, 세 명의 젊은이들과 여행하며 대화하는 형식으로 저술하였습니다.

아울러 바나바훈련원에서 훈련받은 목사님들은 자신들의 복습 교재뿐 아니라 성도들 교육용으로 사용할 수 있을 것이라는 기대감도 포함되었습니다. 일반 목회자들은 자신들의 훈련 교재로 사용할 수 있고 이것이 자신들의 삶에 적용된다면 그분들도 성도들 영성훈련 교재로 사용할 수 있을 것이라는 기대감도 보태졌습니다.

이《영성 세계로의 여행》은 시리즈로 되어 있습니다. 각 주제는 다음과 같습니다.

영성 세계로의 여행 1 / 경건 영성 / 주님과 동행하기
영성 세계로의 여행 2 / 친교 영성 / 한 몸 된 코이노니아
영성 세계로의 여행 3 / 사명 영성 / 너는 복이 될지라
영성 세계로의 여행 4 / 성령 영성 / 성령의 능력으로 갈릴리에
영성 세계로의 여행 5 / 전도 영성 / 잃은 양을 찾으라
영성 세계로의 여행 6 / 일터 영성 / 그대 비즈니스를 박 터지게 하라
영성 세계로의 여행 7 / 신유 영성 / 나는 치료하는 여호와로라
영성 세계로의 여행 8 / 증식 영성 / 비대면 시대의 부흥전략
영성 세계로의 여행 9 / 설교 영성 / 설교가 뭐길래?

이 중에서 신학생이나 목회자 훈련에만 필요한《영성 세계로의 여행 9 / 설교 영성》은 사랑마루출판사에서 출간된《설교가 뭐길래?》라는 책으로 대체하도록 하였습니다. 그리고 나머지는 다시 정리하여 썼습니다. 그래서 이번에 출간되는 책은 실제로 8권이 됩니다.

처음에는 7권만 써서 출판사로 넘겼는데 그리고 나서 바로 코로나바이러스19로 인한 팬데믹 사태가 터졌습니다. 그리고 이 위기를 어떻

게 해야 하느냐는 후배들의 절규를 들으면서 남겨 두었던 증식의 영성을 급히 써서 보태야 한다는 절박한 사명을 느꼈습니다. 그래서 급히 '비대면 시대의 부흥 전략'이라는 제목으로 증식 영성을 다루는 글을 쓰게 되었습니다. 그러면서 이 영성 시리즈는 이 코로나 팬데믹이 가져온 교회의 위기 속에서 새 시대의 부흥전략으로 새 판짜기를 하는 데 사용하는 교재로 준비시켰다는 확신이 들었습니다. 그래서 제8권은 앞의 7권을 사용하는 매뉴얼도 된 셈입니다.

이미 언급된 것처럼 이 책은 매주 소그룹에서 코이노니아 모임을 가지면서 한 달에 한 번씩은 이 시리즈의 책을 차례로 한 권씩 읽고 서로 나누고 적용을 다짐하는 일종의 학습과 적용의 모임으로 하면서 진행하며 사용하기를 권장합니다.

이 책을 사용하시는 모든 분들께 주님의 성령께서 함께하시기를 기도합니다. 아울러 미리 읽어 고견을 주시고 추천서를 써 주신 황덕형 서울신학대학교 총장님, 김정호 바나바훈련원 원장님, 지형은 성락교회 담임 목사님, 송재기 전 전국대학교수 선교연합회 회장님, 이상식 계명대학교 교수님, 유정민 캠바훈 대표님께 감사드리고 출판해 주신 쿰란출판사 대표 이형규 장로님을 비롯한 직원 여러분께 감사드립니다.

2020년 9월

이강천

차례

추천사_ 황덕형(서울신학대학교 총장)•2
　　　　김정호(바나바훈련원 원장)•4
　　　　지형은(말씀삶공동체 성락성결교회 목사)•7
　　　　송재기(경북대학교 교수/전국대학교수 선교연합회 회장 역임)•12
　　　　이상식(계명대 언론영상학과 교수/Visual Worship Institute Korea 대표)•15
　　　　유정민(캠바훈 대표)•18

머리말• 19
프롤로그• 24

1. 거듭나게 하시는 성령 … 42
2. 경건 영성을 도와주시는 성령님 … 55
3. 거룩하게 하시는 성령님 … 60
4. 코이노니아의 영이신 성령님 … 86
5. 선교와 사역의 능력을 주시는 성령님 … 95

프롤로그

- 선생님, 이번에는 어디로의 여행입니까?
- 지리적으로나 영적으로나 내 영성 순례길에 매우 중대한 변화와 성장의 계기를 준 기도원 순례길에 나설까 하는데, 우선 망향기도원을 검색하여 가게. 천안에 있지.
- 망향기도원에서 있었던 경험 이야기로 시작되는 모양이네요?
- 응, 내가 1988년도에 몸이 너무 안 좋아서 당시 선교국장직을 내려놓고 요양생활을 하게 되었지.
- 선생님은 평생 건강 문제로 고생이 많으셨다면서요? 무슨 병이 있었나요?
- 피난 시절에 먹다 못 먹다 하는 동안 위하수 증세가 생겨서 주로 위장에 문제가 있어. 늘 힘이 달리고 허덕이곤 했지. 이번에는 심해져서 저체중 저혈압증에 걸린 것이었어. 6월에서 12월까지 병원에 다니면서 치료도 하고 쉬기도 하는데, 회복이 안 되는 거야. 장기전을 생각하고 12월 12일에 천안에 있는 망향기도원이라는 곳에 들어가게 되었지.
- 기도원에서 요양생활을 하시는 것이었나요?
- 그렇지. 기도원에 들어가면서 거기서 살아 나오든지 거기서 죽든

지, 그런 생각으로 기약 없이 들어가 쉬면서 매일 규칙적인 기도는 했지. 새벽 기도 한 시간 엎드리고, 아침 기도 한 시간 엎드리고, 오후 기도 한 시간 엎드리고, 저녁 기도 한 시간 엎드리며 하루 네 차례의 기도 시간을 가지면서 성경도 좀 읽고 나머지는 쉬고 낮잠도 자고 산책도 하면서 지냈지.

- 얼마 동안 그러셨나요?
- 그해 12월 12일에 들어갔는데, 12월 24일 성탄절 전날이 되니 기도원에 기도하러 왔던 사람들이 다 집으로 돌아가더라고. 나 혼자만 남았어. 그런데 '나 홀로 남았더니' 하는 경험이 복된 경험인가 봐. 그날 나는 누가복음을 읽고 있었지. 그런데 누가복음 4장 14절 말씀이 내 눈에 매우 큰 글자로 튀어 나오듯 들어오는 거야.

> **눅 4:14** 예수께서 성령의 능력으로 갈릴리에 돌아가시니 그 소문이 사방에 퍼졌고

이게 무슨 말인가? 예수님이 능력 있게 사역한 것이 자신이 하나님이었기 때문이 아니라 성령의 능력을 받았기 때문이란 말이 아닌가?

- 그 말씀이 새삼 도전이 된 모양이네요?
- 이 말씀은 언제나 여기 있었건만 여태껏 이 말씀의 의미가 내게 다가오지 못했었지. 그런데 그날엔 이 말씀의 의미가 이렇게 크게 다가오는 거야. 내가 지금까지 뛰고 달리고 열심히 일했지만 별로

열매는 없이 몸만 나가떨어져 요양 중인데, 나의 사역에 무엇이 문제인가를 깨닫는 순간이요 새로운 소망을 얻는 순간이었지. 예수님도 성령의 능력을 받아 성령 사역을 하셨는데 나는 그걸 간과하고 내 지혜와 내 능력 수준에서 일했다는 깨달음이었어.

- 예수님도 인간의 몸을 입고 오셨을 때는 인간의 한계 속에 오셨다는 것이지요? 그래서 성령으로 사역하셨다는 말씀이지요?
- 그렇지 아니한가? 먹지 않으면 배가 고프고, 잠을 자지 않으면 졸리고, 과로하면 피곤하고…. 그 인간의 한계 속에서 능력으로 사역한 것은 신이었기 때문이 아니라 성령으로 성령 사역을 했기 때문이었다는 깨달음은 나에게는 천동설을 믿던 사람이 지동설을 알게 되는 사건만큼이나 충격적인 깨달음이었던 것이지.

'그렇다, 내가 문제였던 것은 성령사역이 아니고 나의 인간의 한계 안에 있는 사역이었다는 것이다. 이제부터는 이것 하나로 기도하리라.'

어쩌면 이 깨달음, 이 말씀은 1988년 성탄절에 받은 최고의 선물이었다고 볼 수 있지. 나는 버스를 타고 천안 시내에 나갔어.

- 시내는 왜 나가요? 전도하러 나가셨나요?
- 모조전지와 매직펜을 사 가지고 와서 전지에 "성령의 능력으로 갈릴리에"라는 문구를 크게 적어 기도원 방 벽에 붙였어. 이제부터 나의 기도 제목은 오직 이것 하나로 하기로 하였던 것이지.

새벽에도 "성령의 능력으로 갈릴리에 돌아가게 해 주세요." 아침에도 오후에도 저녁에도 오직 그 한 기도만 드리게 되었지. "성령의 능력으로 갈릴리에, 성령의 능력으로 갈릴리에, 성령의 능력으로 갈릴리에" 하면서 반복해서 이 기도만 드리게 되었다네.

- 그 한마디를 가지고 한 시간씩 하루 네 차례나 반복했다는 말씀인가요?
- 그렇지. 이렇게 기도하며 추운 겨울이 지나고 3월 1일이 되었어. 대전에서 목회하던 한 동기생 목사가 문병차 찾아왔더군. 이 친구가 내가 살고 있는 환경을 둘러보더니 내게 야단을 쳤어.

"건강한 사람도 이런 데서 지내면 병들어 나가겠다. 어찌 요양하며 지내는 친구가 이렇게 불결한 곳에 와 있는가?" 이 말을 들으며 그 기도원에 대한 오해가 없기를 바라는데, 그 기도원 전체가 그런 것이 아니고 내가 갔을 때 선택의 여지없이 남은 방으로 들어갔는데 그 방은 하루 종일 햇빛이 안 들어오는 방이었어. 그리고 난방을 나무나 낙엽을 때서 하는 곳인데, 방이 양쪽으로 있고 가운데 통로가 있고 그 통로에서 불을 때니 그 먼지들이 방으로 다 들어오는 경우가 되었던 것이지. 하루 종일 빛이 안 들어오니 잘 몰랐는데 내 방에는 먼지가 많이 떠다니고 있는 것이 건강한 사람에게는 보인 것이야.

- 선생님에게는 햇빛이 없으니 안 보였는데, 건강한 친구 목사님의 눈에는 먼지가 많은 게 보인 모양이네요?
- 응, 그런가 봐. 다른 기도원으로 옮겨 주겠다고 봇짐을 싸라고 야단이었어.

- 선생님, 다 왔습니다. 망향기도원이 크지 않고 조용하고 분위기도 좋아 보이는데요?
- 그렇지? 괜찮아. 저리로 들어가 봐. 응, 이 방이 내가 묵었던 방이었어.
- 그러네요. 이 방엔 햇빛이 안 드는군요? 다른 방들은 사람들이 꽉 차서 이 방밖에 빈 방이 없었다고요?
- 그랬어.
- 그런데 오늘은 사람이 없네요? 다 빈 방 같아요.
- 요즘 한국교회도 기도의 불이 많이 꺼진 모양이에요. 기도원에 기도하러 오는 사람도 없나 봐요.
- 그런 것 같지?
- 하기야 나도 기도원에 처음 와 보네요. 그것도 기도하러 온 것은 아니잖아.
- 나도 처음이야.
- 그러니 어찌 되겠나? 다시 기도의 부흥이 일어나야 해. 자, 이제 '갈릴리 기도원' 검색하여 가자고.
- 네, 출발합니다. 이야기를 계속해 주시지요.

- 그래서 그 친구가 성화를 대는 바람에 나는 순복하고 짐을 꾸렸지. 그리고 그의 차에 나의 몸을 맡겼어. 친구는 나를 데리고 대청호 쪽으로 가는 것 같더라고. 고개를 하나 넘으면서 말하더군.
"이제 거의 다 왔어. 저 아래 기도원 안내 간판이 서 있지? 저기서 오른쪽으로 들어가면 기도원이 있어."
나는 기도원 안내 간판을 읽으려고 눈을 앞으로 내밀었지. 아직은 글자가 눈에 들어오지 않더군. 눈을 집중하며 내려가는데 드디어 안내판 글자가 눈에 들어왔어. 그것은 '갈릴리 기도원'이었어.

- 네? 갈릴리라고요?
- 그래, 갈릴리, 나는 가슴이 뛰고 흥분이 되었지. 아니, 두 달 동안 "성령의 능력으로 갈릴리에" 보내 달라고 기도했더니 갈릴리로 온 것이 아닌가?
- 그러게 말입니다. 실제 갈릴리는 아닐지라도 이름이 갈릴리이니 뭔가 일이 벌어질 것 같은데요?
- 나도 그런 기대감이 있었다네. 하여간 이렇게 하여 설레는 마음을 가지고 갈릴리 기도원에 도착하였고 제일 햇볕이 잘 드는 따뜻한 방에 안내되었지. 그런데 갈릴리로 오긴 왔는데, '성령의 능력은 어찌 된 것일까? 여기가 나의 사역지가 되긴 될 것인가?' 여러 가지로 궁금하고 기대되고 설레더군.
- 우리도 지금 기대감이 드는데요?
- 갈릴리에 온 첫날밤, 나는 이곳에서의 첫 기도의 자리에 무릎을 꿇었어. 그리고 하나님께 여쭈었지.

"갈릴리로 오긴 왔는데, 이제 사역이 시작되는 것입니까? 성령의 능력은 어찌되었습니까?"

그렇게 물으면서 기도를 시작했는데, 그때 주님이 영감으로 물으시더군.

- 뭐라고 물으시던가요?
- 이렇게 대화가 진행되었지.

"네가 낫기를 원하느냐?"

"주님, 물론이죠."

"그러면 네가 믿느냐?"

"무엇을요?"

"내가 너를 치료할 것을 믿느냐?"

"주님, 제가 언제 신유를 부정한 적 있던가요?"

믿는다고만 대답하면 될 것을 나는 그렇게 되묻고 있더라고. 그러자 주님은 다시 질문하셨어.

"나는 네가 신유라는 교리를 믿고 있느냐고 묻고 있는 것이 아니다. 내가 너를 고칠 것을 네가 지금 믿느냐고 묻는 것이다."

- 얼른 믿는다고 대답해야지요?
- 그렇지. 그래서 나는 얼른 믿는다고 대답하려고 했지. 그런데 그 대답이 안 나오는 거야. 그리고 생각의 스크린에 옛날 밀양에서 목회하던 시절의 모습이 회상되며 돌아가더라고.
- 밀양에서 목회하던 생각이 떠오르고 대답은 안 나오더라고요?
- 응, 밀양에서 목회할 때 가장 난처했던 것은 병든 환자가 안수해 달라는 것이었어. 물론 처음부터 안 믿고 안수한 것은 아닌데, 아무리 환자를 위해서 안수해도 나은 적이 없거든. 나는 성도들이 병이 나서 안수해 달라고 할 때마다 안수하였고, 안수하고 나서 나았느냐고 물어보지는 못했어. 그리고 기다려 봐도 나았다는 사

람은 없었던 것이야. 그렇게 2, 3년 목회하다 보니 하나의 확신이 생기더군. '안수해도 안 낫는다'는 확신 말이야.

- 네? 안수해도 안 낫는다는 확신이 생겨요?
- 아무리 안수해도 낫는 경우를 보지 못하니 그런 나쁜 확신이 생기더라고. '그런데 왜 오늘밤, 이 필름이 돌아간단 말인가?' 나는 주님의 의도를 알아차렸지. 그리고 무릎을 고쳐 꿇었어. 그리고 신앙인의 불신앙을 고백하며 회개했지. 교리로는 믿으면서 현재적 사건으로, 살아 있는 믿음으로 믿는 믿음이 없었던 것을 고백하며 기도하였어. 그리고 믿음 없는 것을 도와달라고 간구하며 매달리는 기도를 하게 되었지.
- '신앙인의 불신앙'이라고 하셨어요? 그건 무슨 말씀이지요?
- 교리적으로나 신학적으로 또는 지성적으로는 믿는다고 해도 실제 살아 있는 믿음이 없었다는 것이지. 지금 여기서 바로 나에게 임할 치유를 믿는 데 확신하지 못하는, 신앙인이긴 한데 실제는 믿음 없는 그런 나의 모습을 회개했다는 말이지.
- 우리도 그런 사람들 아닐까?
- 그건 각자 알아서 생각해 보고 깨달아 봐. 하여튼 나는 회개하고 몸부림치며 믿음을 도와달라고 부르짖었어. 다음 날 아침 조반을 들고는 쉬고 있었는데, 기도원을 관리하며 기도원을 예배당으로 목회도 하시는 전도사님이 6세 되는 아들을 데리고 내게 오더군. 그러더니 청천벽력 같은 소리를 하는 거야.
- 무슨 소리인데 그렇게 거창한 소리를 해요?

- "목사님, 이 아이가 어젯밤 열병이 나서 잠을 못 자고 고생했습니다. 아침을 먹으며 '빨리 아침 먹고 병원에 가자' 했더니 이 아이 하는 말이 '병원부터 갈 일이 아니고 우리 기도원에 와서 기도하시는 이강천 목사님께 안수 기도 받으면 나을 것 같은데…' 하더라는 거예요. 그래서 그 말이 기특하고 심상치 않아 보여 데리고 왔으니 안수 기도하여 고쳐 주세요."
- 우와, 당장 안수하여 고치라고요? 테스트가 걸렸군요?
- 그런 것 같지? 가슴이 철렁하며 방망이질 하더라고. 아니, 어젯밤 고백하고 회개했더니 오늘 당장 테스트하는 것인가? "주님, 테스트하지 마시고 고치시옵소서." 그렇게 기도하고 나는 용기를 내서 어린아이의 머리에 손을 얹고 기도하기 시작했어. 기도하다 보니 베드로의 장모가 열병을 앓을 때 예수님이 열병을 꾸짖던 일이 생각나서 나도 꾸짖었지. "예수 이름으로 명하노니 열병은 이 아이에게서 떠나가라." 꾸짖음을 포함하여 기도를 하고 예수 이름으로 기도를 끝내고 '아멘' 하자 아이도 큰 소리로 '아멘' 하더니 일어나며 말했지. "아이고, 이제는 살았다." 그러더니 그냥 나가 뛰어노는 것이 아닌가?
- 나았다는 말이지 않아요? 마침내 선생님의 안수 기도를 통하여 치유가 일어나는 경험이 시작되었군요?
- 그러긴 한데, 꼭 짜고 하는 것 같았어. 하나님이 어린아이와 짜고 나를 훈련시키는 것 같았다고. 그런데 그 열병은 돌림병이었나 봐. 다음 날에는 전도사님 딸아이가 열이 난다고 데려왔어. 다음

날에는 아랫집 아이가 열이 난다고 전도사님, 사모님이 데리고 왔고…. 세 어린이를 모두 안수하였는데 즉시 열병은 떠나가고 나았다는 거야.

- 연이어 사흘간 세 명을 고치셨다고요? 이제는 신유의 은사가 임했나 보네요.
- 그런가? 다음 날 아침 기도원 마당가에 앉아 쉬고 있는데, 엄마 따라 기도원에 왔던 아이가 옷을 챙겨 입고 나오기에 물었지.

"너 집에 가니?"

"아니요."

"그럼 어딜 가느라고 옷을 챙겨 입고 나오니?"

"병원엘 가려고요."

"병원에? 왜? 어디가 아픈데?"

"밤새 열이 나서요."

"열병? 걱정 마라. 이리와, 내가 안수해 줄게."

- 아니, 기도해 달라고 청하지도 않았는데, 잡아 놓고 기도하게요?
- 그러게 말이야. 간덩이가 부었던 거야. 용기가 지나친 것이지. 병원에 가는 아이를 잡고 원하거나 청하지도 않았는데 마당가에 서서 안수하였지. 그랬더니 아이 엄마가 뒤따라 오다가 이 광경을 보고는 차마 병원으로 데리고 갈 수 없어 방으로 들어가더군.
- 나아서 병원에 안 간 것인가요, 미안해서 못 간 것인가요?
- 다음 날 아침 다시 마당가에 쉬고 있는데 어제 그 아이가 또 옷을 챙겨 입고 나오더군.

"어디 갈려고 또 나오느냐?"

"병원엘 가려고요."

"어제 기도했는데 안 나았냐?"

"안 낫고 고생했어요."

- 아이고 주여, 안 낫고 고생만 했다고요?
- 그랬대. 그런데 내 마음에 오기가 생겨나더라고.

 "야, 그러면 이야기하지, 병원에 한 번 가서 안 나았다고 두 번 안 가냐? 한 번 기도해서 안 나았다고 두 번 안 하냐? 이리와. 다시 기도하자."

 나는 어디서 생긴 용기인지 오기인지 또 안수하고 기도하였고, 아이의 엄마는 이것을 보고는 내 체면을 보느라고 다시 방으로 들어가고 병원 가는 일을 포기하였어. 다행히 이번에는 열병이 떠나갔다고 나중에 확인되었지.

- 그때 선생님이 치유의 역사를 경험하면서 용기가 많이 커졌던 모양입니다.
- 밀양교회에서 찌그러든 믿음과 용기가 활짝 피어나는 경험이 된 것이지. 그런데 이제부터가 문제야. 이렇게 되자 소문이 퍼지는 것이야.
- 무슨 소문이요?
- 이강천 목사가 안수하면 병이 낫는다는 소문? 어린아이만 안수하였는데 이제는 어른 중에 환자가 안수해 달라고 찾아와. 40대 여자 집사님이 치질이 있다고 안수해 달라는 거야. 어린아이들은 안

수하여 고침 받는 것을 보았는데, 어른을 안수하려니까 갑자기 내 믿음이 사라지는 거야. 낫는다는 믿음이 사라져 버리더라고.

- 아니, 왜 또 믿음이 없어져요?
- 글쎄, 믿음도 내 맘대로 되는 게 아닌가 봐. 믿음을 갖게 되는 것도 은혜지. 내 자랑이 될 수 없어. 안수할 수가 없는 거야. 그리하여 일주일 동안 서로 준비 기도를 하고 만나기로 하고 일주일간 믿음을 더하여 달라고 간구하게 되었지. 일주일 후에 그 집사님이 다시 찾아왔어.
- 눈치도 없이 일주일 후에 오라니까, 또 왔군요?
- 맞아, 눈치도 없이 또 왔어. 그래, 어쩌겠나? 떨리는 손으로 진지하게 안수하고 기도하였지. 그날로 치질이 치료되었다고 다음 날 보고하더군. 그다음에는 30대 주부가 신장염으로 고생한다고 찾아왔고, 같은 방법으로 일주일 준비 기도를 피차 하고는 다시 만나 안수하고 기도하였지. 그도 즉시 고침 받았다고 보고하였어. 그런데 이 경우는 치유되고 손해 본 경우가 되기도 하였지.
- 치유되고 손해 보다니요?
- 아플 때는 교회 나왔는데, 고침 받고 건강하게 되니까 주일날 시부모가 밭으로 끌고 가서 교회를 못 나오는 거야.
- 병 고침 받는 것이 좋은 것이로되 전부는 아니구나 싶군요?
- 그래. 교회가 워낙 작은 교회이고 기도원도 소규모여서 그렇지, 큰 교회였거나 사람이 많이 오는 기도원이었다면 신유사역이 확대되었을 것이고, 밖으로 전국적으로 소문이 나면 얼마나 난리 나겠

나? 그걸 생각하니 갑자기 겁이 나더라고….
- 뭐가 겁이 나요?
- 전국에서 사람들이 안수 받겠다고 밀려오면 어쩌나 하고 겁이 나 더라니까?
- 안수 받겠다고 밀려오면 안수하면 되지, 뭐가 겁이 나요?
- 내가 누군가? 교수 출신인데, 이거 안수만 하고 있는 모습이 그려지니까 '이건 아니지' 싶더라니까. 그래서 나 안수를 그만한다고 접어 버렸어. 하나님께도 신유 은사 반납한다고 선언하고 사람들에게도 안수 안 한다고 선포하였지.
- 네? 주신 은사도 반납한다고요?
- 내가 은사에 대하여 무지했던 거야. 교수나 설교자로 일하면서도 신유의 은사를 적절히 사용하면 될 것인데, 신유 은사를 사용하다 보면 그때 유명한 현신애 권사 생각이 났어. 안수 기도만 할 수밖에 없게 되겠다는 생각이 들더라고. 그런데 그건 싫더라고. 무식하게 신유 은사를 반납하고 안수를 중단하고 말았지.
- 아, 그건 아쉬운데요? 신유 은사 못 받아 한이지, 왜 받은 은사를 반납해요? 아이 참, 지성인인 체하느라고 그 귀한 선물을 버렸군요?
- 아, 지원이 지적이 따끔하군. 지성인인 체하고 안수나 하고 있는 것은 별로라고 은근히 오해했던 것이 맞는 것 같아. 아쉬운 일이지. 그러나 그 이후 나는 성령에 이끌리는 경험과 성령의 능력으로 사역하는 일을 사모하게 되고 경험하게 되는 시작이 되었어.

- 선생님, 갈릴리 기도원에 다 왔습니다. 그런데 이 기도원은 망향기도원보다 더 작고 지금은 기도원 같지도 않은데요?
- 그렇지. 지금은 교회로서의 역할만 하는 것 같아. 아무도 안 계신 것 같으니 그냥 나가지. 여기가 대청호반이니까 대청호 호변 길을 산책하며 이야기를 더 나누기로 하지.
- 그래서 이 갈릴리 기도원에서 성령의 은사를 체험하고 영적으로 새로운 계기가 만들어진 모양이지요?
- 그랬어. 무엇보다도 기독교 사역은 성령 사역이라는 점을 뼈저리게 깨닫는 계기가 되었지. 설교는 물론, 전도도 심방도 상담도 교육도 성령의 능력으로 행하는 성령 사역이 되어야 한다는 것을 절감했어.
- 아, 교수를 하신다고 지성적인 추구만 하다가 도리어 영성을 상실해 갔는데 이 기도원에서의 경험을 통하여 영성의 세계로 다시 유턴하는 계기가 된 모양이네요?
- 그랬어. 그리고 이후로 깨달아 보니까 사역만 성령 사역이 아니라 그리스도인의 구원부터 그리스도인의 모든 삶의 영역이 성령의 은혜에 의존되어 있음을 깨닫게 되었지.
- 그래서 선생님께서 '성령 영성'이라는 타이틀을 쓰게 된 것이군요?
- 모든 면에서 철저히 기독교 영성은 전적으로 성령의 은혜에 의존한다는 의미에서 사용한 타이틀이네. 개인적인 영성이든, 공동체적인 영성이든, 또는 선교와 사역에서의 영성 모두 성령의 은혜 안에서 이루어지는 영성이야. 성령을 떠나서는 기독교 영성은 존재

할 수 없다는 것이지.
- 이 또한 다른 종교와 구별되는 점이겠네요? 불교의 선을 통한 영성이나 힌두교의 요가를 통한 초월적 자아를 추구하는 영성 등은 다 자기 자신 안에 잠재된 그 무엇, 내면적 초월성을 찾아가는 과정이지만 기독교 영성은 성령님을 만나고 성령의 은혜 안에서 살아가는 것을 의미한다고 보아야 하는 것이지요?
- 다인이가 그렇게 잘 정리해? 놀라워. 기독교 밖에서도 영성이란 말을 사용하지만 대체로 자기 안에 잠재된 내재적 자아를 찾아가는 과정을 의미하는 데 비해 기독교 영성은 하나님의 영이신 성령님과의 관계에서 영성이 형성된다는 점이 구별되는 점이라고 보아야겠지. 이번에는 그게 과연 무엇을 의미하는지 왜 그런지 좀 살펴보도록 하자고.
- 그러기 위해 성령님이 어떤 분인가를 먼저 이해하고 가야 할 것 같은데요?
- 그래, 자네들은 성령을 어떻게 이해하나?

성령 / 우리를 만나시는 하나님의 영

- 삼위일체 하나님의 제3위이신 하나님으로서 우리를 만나 주시는 하나님의 영이라고 이해합니다.
- 지원이가 교리적으로 잘 정리하여 말해 주는구나. 우리가 하나님은 삼위일체 하나님이라고 믿고 고백하지? 성부 하나님은 하나님

본체이시고, 성자 하나님은 인간의 몸을 입고 이 땅에 오셨던 하나님이고, 성령 하나님은 제한 없이 우리 인간들을 만나 주시는 하나님의 영이라고 믿고 있지?
- 그렇지요. '절대자 하나님' 하면 우리와 만나실 수 없는 하나님 같은데, 예수님께서 인간의 몸을 입으시고 우리 가운데 오셔서 임마누엘의 은혜를 베푸셨지요. 즉 우리를 만나주셨단 말입니다. 그러나 몸이라는 한계 속에서 우리를 만나주신 것이고 동시대에 동일한 장소에 있던 사람들만 예수님을 만날 수 있었지요?
- 그래, 이제 이 땅의 누구라도 제한 없이 우리와 만나시기 위해서 하나님은 성령을 보내 주신 것이지.

> **요 14:16** 내가 아버지께 구하겠으니 그가 또 다른 보혜사를 너희에게 주사 영원토록 너희와 함께 있게 하리니

> **요 14:26** 보혜사 곧 아버지께서 내 이름으로 보내실 성령 그가 너희에게 모든 것을 가르치고 내가 너희에게 말한 모든 것을 생각나게 하리라

> **요 15:26** 내가 아버지께로부터 너희에게 보낼 보혜사 곧 아버지께로부터 나오시는 진리의 성령이 오실 때에 그가 나를 증언하실 것이요

> **요 16:7** 그러나 내가 너희에게 실상을 말하노니 내가 떠나가는 것이 너희에게 유익이라 내가 떠나가지 아니하면 보혜사가 너희에게로 오시지 아니할

것이요 가면 내가 그를 너희에게로 보내리니

이렇게 요한복음 14, 15, 16장을 보면, 예수님께서 가시면 즉 승천하시면 보혜사 성령님을 보내 주신다고 하였는데 인간의 몸의 한계 안에 오셨던 예수님이 승천하시고는 성령을 보내시므로 제한 없이 누구라도 하나님을 만나는 축복을 주신다고 하셨고, 오순절 날에 성령을 부으시므로 성령 시대가 되었지.

- 선생님, 그럼 구약시대에는 성령의 은혜가 전혀 없었나요?
- 구약시대에도 성령의 은혜의 역사는 있었고 성령 받고 성령의 은혜 안에 살거나 일한 경우가 많지. 그러나 역시 특정한 인물들에게 성령을 주시어 말씀하시거나 역사하셨어. 이제 오순절 이후의 성령의 은혜는 모든 사람에게 임하는 은혜로 하신 것이지. 사도행전에 가서 확인해 보면 알 수 있지? 오순절 날에 성령이 임하니 기도하던 사람들이 성령 충만하여 여러 언어로 예수님을 증거하는 일이 있게 되자 사람들은 술 취해 가지고 떠든다고 오해하였거든. 그때 베드로 사도가 해설하는 것을 들어 보면, 요엘 선지자의 예언이 성취된 것이라고 설명하면서 '성령의 은혜의 보편화' 즉 모든 사람에게 베푸는 은혜임을 알려주고 있지.

행 2:16-17 이는 곧 선지자 요엘을 통하여 말씀하신 것이니 일렀으되 하나님이 말씀하시기를 말세에 내가 내 영을 모든 육체에 부어 주리니 너희의 자녀들은 예언할 것이요 너희의 젊은이들은 환상을 보고 너희의 늙은이

들은 꿈을 꾸리라

- 그렇군요. 베드로는 이 성령 사건이 모든 사람에게 성령을 부어 주시겠다던 요엘 선지자의 예언대로 성취된 것이라고 설명하고 있네요. 그렇다면 그 이후 교회 시대, 선교 시대는 성령 시대라고도 할 수 있겠네요?
- 그렇지. 그래서 누구라도 성령님을 만날 수 있고 또 만나야 하고 성령님과 함께 살고 성령님과 함께 사역해야 하는 것이고…. 기독교 영성은 성령 영성이라고 하는 것이야.
- 그럼 선생님의 경험을 통하여 이 성령의 은혜로 이루어지는 영성이 어떤 것인지, 성령의 은혜 안에 산다는 것이 구체적으로 어떤 것인지 나누어 주시지요.
- 그러기로 함세. 나는 여기서 성령론이라고 하는 교리적 신학적 토론을 하고 싶지는 않고, 우리가 정말 성령 안에서 살아가는 영성을 체험적으로 나누고 싶은 것이니 잘 되었네. 간증 삼아 나누어 보기로 하지.

1
거듭나게 하시는 성령

- 내게 있어서 성령 체험은 첫째로 나를 거듭나게 하는 성령님으로 체험되었지. 요한복음을 보면 예수님께서 성령으로 거듭나야 한다는 말씀을 하신 적이 있어.

> **요 3:3–7** 예수께서 대답하여 이르시되 진실로 진실로 네게 이르노니 <u>사람이 거듭나지 아니하면 하나님의 나라를 볼 수 없느니라</u> 니고데모가 이르되 사람이 늙으면 어떻게 날 수 있사옵나이까 두 번째 모태에 들어갔다가 날 수 있사옵나이까 예수께서 대답하시되 진실로 진실로 네게 이르노니 <u>사람이 물과 성령으로 나지 아니하면</u> 하나님의 나라에 들어갈 수 없느니라 육으로 난 것은 육이요 영으로 난 것은 영이니 내가 네게 거듭나야 하겠다 하는 말을 놀랍게 여기지 말라

- 거듭난다는 말은 두 번 태어난다는 뜻이지요?
- 그렇지. 우리가 태어나면 일단 한 번 태어난 것인데, 두 번째로 성령의 은혜와 능력으로 죽었던 영이 살아나서 하나님의 자녀로 또 한 번 태어나는 것으로 표현했지. 그래서 거듭난다, 한자어로 '중생'(重生)이라고 표현하고 있지 않나?
- 그렇다면 예수님 말씀대로 우리 모두가 성령으로 거듭나야 진정한 그리스도인, 하나님의 자녀로 살게 된다는 것이지 않아요?
- 맞지. 그런데 이 거듭나는 과정은 회개하는 과정이 있고, 하나님을 만나는 체험의 과정이 있으며, 예수님을 구주와 주님으로, 하나님을 아버지로 믿는 믿음의 확증 과정이 포함되더라고. 그런데 이러한 전 과정이 다 성령의 은혜의 역사로 이루어지더군 그래.
- 회개의 과정을 포함한다고요?
- 그러지 않겠나? 불신앙의 삶을 한 번은 회개하고 주님께 돌아가는 것인데, 그 회개의 과정이 성령의 은혜로 가능하지. 인간이란 스스로의 죄도 깨닫지 못하고 죄인인 줄 알지 못하는 죄인이더라고. 요한복음에 이런 말씀이 있지?

> **요 16:7-8** 그러나 내가 너희에게 실상을 말하노니 내가 떠나가는 것이 너희에게 유익이라 내가 떠나가지 아니하면 보혜사가 너희에게로 오시지 아니할 것이요 가면 내가 그를 너희에게로 보내리니 그가 와서 죄에 대하여, 의에 대하여, 심판에 대하여 세상을 책망하시리라

- 예수께서 승천하시면 보혜사 성령을 보내실 것인데 성령께서 오셔서 죄에 대하여, 의에 대하여, 심판에 대하여 세상을 책망하시리라고 하네요?
- 그렇지? 성령께서 책망하시고 깨닫게 하시고 회개하게 하시는 은혜가 없이는 죄인인 줄도 모르고 사는 게 인생이야. 그런데 성령께서 우리로 죄인임을 깨닫게 하시는 역사가 은혜야. 내가 처음 죄를 회개하고 거듭나던 간증을 나누지.
- 네, 들려주세요.
- 나는 15세 때 전도를 받았는데, 처음에는 전도를 받아들이지 않았어. 내가 피난 가서 살던 동네에 딱 한 가정이 예수 믿는 가정이 있었고, 그 집 아들이 내 또래 친구여서 자주 그 집에 가곤 했었지. 그 집 아저씨가 집사님이었는데 나를 전도하기로 작정하고 날 찾아오며 전도하는 거야. 처음에는 귀찮다면서 보이지도 않는 하나님을 믿으라는 어리석은 소리 하지 말라고 거부하곤 했지.
- 전도 받고 쉽게 믿는 사람이 많지 않지요?
- 그런가 봐. 하여튼 나는 계속 거부하는데, 이 아저씨는 포기하지 않으시고 한 사십 번 넘게 계속 전도하는 거야.
- 40번이나 넘게요?
- 그랬다니까. 그런데 참 이상하지. 한 40번 넘게 거절하고 거부하고 보내 놓고 나서 희한한 생각이 들어왔어.
- 무슨 희한한 생각인데요?
- '내가 하나님의 존재를 믿지는 않지만 이 아저씨의 열정은 참 대

단하다.' 그런 생각이 들고 이 열정에 대해서는 감사한 생각이 드는 것이야. 어쨌든 자기 딴에는 나를 위한 열정을 쏟고 있는 것이니까…. 그게 대단하고 고맙다는 생각이 드는 거야.

- 심상치 않군요. 코가 꿰는 것 같은데요?
- 그렇지? 그런 생각을 하게 된 것 자체가 성령의 어떤 역사가 있었다고 보아지기도 하지. 하여간 나는 한 번은 인사로라도 교회에 가드려야 하겠다는 생각을 했고, 그다음 주에 함께 교회 가게 되었지.
- 예수 믿을 마음은 아니지만 그분을 위해서 인사로 한 번 가드린다는 생각으로요?
- 그랬다니까.
- 그런데 한 번 갔다가 하나님을 덜컥 만나버린 것인가요? 아니면 최소한도 예수 믿어야겠다는 생각이 들게 되었나요?
- 천만에, 그날따라 목사님 설교가 너무 기분 나쁘게 하더라고….
- 무슨 설교인데 기분이 나쁘게 해요?
- 죄 타령을 많이 하더라고. "여러분, 우리가 다 죄인인 것을 아시지요? 그래서 죄대로 심판하면 다 지옥 불에 들어갈 사람들이라는 것을 아시지요?" 그러면서 설교하는데 기분 잡쳤어. 아직 세상에 때 묻지 않은 이 청소년이 와 앉아 있는데, 도매금으로 죄인으로 몰아붙이는 설교가 아주 기분 나쁜 설교로 들려왔지. 그래서 나는 속으로 '다시 교회 오나 봐라. 오자마자 기분 나쁘게 도매금으로 죄인 취급을 해?' 그러면서 거부 반응을 하고 있었지.

- 아이고메, 처음 나온 사람 마음을 그렇게 긁어 놓았으니 전도가 되겠나요? 그래서 그렇게 끝났나요?
- 그런데 다음 주일 아침에 이 아저씨가 또 교회 가야 한다며 데리러 왔어.
- 데리러 와도 안 가면 되지 않아요?
- 물론 적극적으로 교회 갈 생각은 전혀 없었지. 그런데 지난 주일 교회 갔을 때 한 가지 매력적인 게 있었어.
- 다 싫은데 뭐가 하나 끌리는 게 있었나 보네요?
- 그 면소재지에 있는 시골 교회인데도 성가대가 특별찬양이라는 것을 하더라고. 그런데 그중 둘째 줄에 서서 노래하는 아주 어린 아가씨, 아마도 중학생이거나 고등학생이었던 것 같은데, 그 아가씨가 얼마나 예쁜지 내가 '심쿵'했었지.
- 성가대 아가씨가요?
- 응, 그래서 그 아저씨가 다시 교회 가자고 데리러 왔을 때 완전히 거절하지 않고 못 이기는 체 끌려갔지.
- 아가씨를 한 번 더 보고 싶었던 모양이네요?
- 그랬어. 그런데 여전히 목사님 설교는 기분 나쁜 게 많아. 자꾸 도매금으로 죄인 취급하는 것이야. 나는 스스로 죄인이라고 생각해 본 적이 없어. 매일 술 취해 가지고 와서 어머니와 싸우거나 자식들을 때리는 아버지가 미워서 얼굴을 마주하지 않으려고 밖에서 따로 혼자 밥 먹는 지경이기는 했어도 미운 짓을 하는 아버지를 미워하는 것은 죄라고 생각되지 않았거든.

- 그런데 자꾸만 죄인이라고 설교하는 목사님 설교가 기분 나쁘면서도 마음에 걸리게 된 모양이네요?
- 아니야. 기분만 나빴지, 전혀 양심에 걸리는 것은 없었어.
- 그래서 얼마 동안 교회를 다녔나요?
- 한 1년 동안 그 아가씨 쳐다보는 재미 하나로 교회엘 갔었다네.
- 뭐, 그 아가씨와 데이트라도 해보았나요?
- 어림도 없는 이야기, 이 촌놈은 그 아가씨에게 말도 못 붙여 보았어. 그런데 그 얼굴 보는 것만으로 좋아서 그리고 보고 싶어서 1년이나 교회를 다닌 것이야.
- 개인적으로는 말도 해보지 못하고 마음으로만 짝사랑을 해요? 참 순진한 짝사랑이네요?
- 그랬지. 그런데 한 1년 그 아가씨에게 집중하다 보니 합창을 하는데도 그 아가씨의 목소리가 뚜렷이 구별되어 들려오더라고….
- 합창하는데 그 아가씨 목소리가 구별되어 들려와요?
- 응, 그런데 그 목소리가 구별되어 들려오자 나는 얼마나 실망했는지 모른다네.
- 왜 실망을 해요?
- 늙은이 목소리를 내는 거야. 아니, 왜 가장 어리고 예쁜 아가씨가 늙은 목소리를 내냐고? 그래서 그날로 실망이 되어서 다시는 교회 안 가기로 작정했지.
- 왜 늙은이 목소리를 내게 되었을까요?
- 나중에 알게 되었는데, 늙은이 목소리를 낸 것이 아니고 알토를

부르고 있었던 거야.
- 네? 알토요? 아재개그다. 아니 여태 개그 하신 것이에요?
- 아니야, 개그가 아니고 그 당시 나는 알토가 무엇인지를 모르고 있었고, 진짜로 실망한 거야.
- 그래서 교회 다니는 것을 그만두셨어요?
- 문제는 그 찰거머리 같은 집사님을 떼어 내야 하는 과제가 있었지.
- 그래서요?
- 그날 집으로 오면서 집사님을 사정없이 공격하기 시작했지. 나에게서 정 떨어지게 만들려고 말이야.
- 어떻게 공격해요?
- "내가 1년 동안 교회 다녀 보니까 확실히 하나님 없다는 것을 확인할 수 있었습니다. 이제 나 교회 그만 다닐 테니 날 데리러 오지 마세요." 그렇게 선언했지. 그랬더니 이 아저씨가 반격을 했지. "하나님이 없기는 왜 없어? 이 사람아." 이렇게 말싸움이 진행됐어.
"아니, 도대체 집사님은 하나님을 한 번이라도 만나본 적이 있습니까?"
"이 사람아, 나는 하나님을 한 번 만나본 정도가 아니라 매일 만나, 이 사람아."
- 한 번이라도 만난 적이 있느냐 물었는데 매일 만난다고 대답해요? 기가 죽었겠군요?
- 그래, 내가 기가 죽었어. 그러나 금방 내가 이길 것이라는 확신을

가지고 공격했지. "좋아요, 집사님. 하나님을 매일 만난다고 하셨지요?"

"그래, 이 사람아. 나는 매일 만나."

"좋아요, 집사님. 매일 만나는 그 하나님 나 한 번만 면회시켜 주세요."

- 우와 쎄다. 면회시켜 달라고요?
- 응, 자네들은 어떤가? 불신자가 하나님 면회시켜 달라 하면 면회시켜 줄 자신 있나?
- 집사님 말문이 막혔겠군요? 그래서 선생님께서 이기셨어요?
- "면회? 면회라고?" 몇 차례 그러고 중얼거리더니 "좋아. 이 사람아, 내 하나님께 자네 면회 받아달라고 신청해 놓을 테니, 하나님 면회할 준비를 하게."
- 면회 준비를 해요? 어떻게요?
- 나도 그렇게 물었지. 그랬더니 성경책을 내밀면서 "이 책 한번 읽으면, 면회 준비가 될 것이야." 그러는 거야. 그런데 성경전서가 좀 두꺼운가? 나는 그 집사님이 수작하는 것으로 여겼어. 이 두꺼운 책을 다 읽으려면 좌우지간 쉽지 않을 것이고 오래 걸릴 것이니, 그동안이라도 교회 데리고 다니려고 수작하는 것으로 여겨져서 안 읽는다고, 두꺼운 책을 언제 다 읽느냐고 거절했지.
- 그걸로 끝이에요?
- 뒷부분 3분의 1만 읽어도 면회 준비가 될 것 같다며 신약 부분을 펴 주더군. 그래, 이 정도면 읽을 수 있겠다 싶어 약속하자고 했지.

- 무슨 약속을요?
- 나는 죄인이 아니니 안 읽고 거짓으로 읽었다고는 안 할 것이니까, 내가 신약을 다 읽고 보고하면 일주일 이내로 면회가 되어야 하고, 그렇지 못하면 나를 교회 가자고 데리러 오지 말라고 했지.
- 그래서 그렇게 약속하던가요?
- 그랬어. 당장 성경책 달라고 가지고 와서 그날 마태복음을 읽기 시작했지. 그런데 이게 뭔가? "아브라함이 이삭을 낳고 이삭은 야곱을 낳고" 하면서 이상한 이름들의 족보가 나오는 바람에 덮어 버렸지. 그랬더니 다음 주 아무 의미 없이 교회에 또 끌려갔던 거야. 이제는 아가씨 보는 즐거움도 없는데 말이야. 그래서 돌아와서 각성하고 또 읽었지. 그런데 이번에는 '처녀가 잉태하여 아들을 낳는다'는 이야기가 나와. "망측하군." 그러면서 또 닫고…. 교회 끌려갔다 와서 각성하고 또 읽고 황당한 이야기가 나오면 또 덮고 하다 보니 이후로도 약 6개월 걸린 것 같아.
- 6개월 걸려 다 읽기는 다 읽은 모양이네요?
- 어느 날 밤 요한일서를 읽고 있었어. 그날 밤 끝낼 생각으로 열심히 읽고 있었지.
- 거의 다 읽었네요?
- 응, 그랬지. 그런데 2장 11절을 읽는데, 좀 양심에 뭐가 걸리더라고.

> **요일 2:11** 그의 형제를 미워하는 자는 어둠에 있고 또 어둠에 행하며 갈 곳을 알지 못하나니 이는 그 어둠이 그의 눈을 멀게 하였음이라

그의 형제를 미워하는 자는 어둠 속에 있는 자라고 하는데, 좀 걸려.

- 아, 선생님이 그 당시에 아버님을 미워하고 있었다고 하셨지요? 그래서 걸린 모양이군요?
- 그랬어. 그러나 나는 중얼거렸지. "내가 아버지를 미워하긴 하지만 형제는 미워하지 않는다고."
- 형제는 미워하지 않았으니까요?
- 그래, 그리고 계속 읽어 나가는데, 이번에는 한 술 더 뜨는 거야.

> **요일 3:15** 그 형제를 미워하는 자마다 살인하는 자니 살인하는 자마다 영생이 그 속에 거하지 아니하는 것을 너희가 아는 바라

그 형제를 미워하는 자는 살인자와 같다는 게 아닌가? 양심에 걸려. 그러나 이번에도 또 중얼거리며 빠져나갔지. "뭐 미워하는 죄가 살인죄와 같다고? 내가 아버지는 미워하지만 미운 짓 하니까 미워하는 것이고, 나는 형제는 미워하지 않는다고."

- 스스로 죄인임을 인정하고 싶지 않았군요?
- 인정할 수 없었지. 당연히 미운 짓 하는 사람 미워할 수밖에 없다고 버티는 것이었어. 또 읽어 나갔지. 그런데 4장에서 또 걸고 넘어지는 거야.

> **요일 4:20** 누구든지 하나님을 사랑하노라 하고 그 형제를 미워하면 이

1 _ 거듭나게 하시는 성령

는 거짓말하는 자니 보는 바 그 형제를 사랑하지 아니하는 자는 보지 못하는바 하나님을 사랑할 수 없느니라

- '형제를 미워하면'이란 말이 또 나오는군요?
- 그래. 이번에도 나는 또 빠져나가려 하고 있었지. '뭐 또 나를 걸려고 해? 내가 아버지 미워하는 것은 그가 미운 짓 하기 때문이고 나는 한 번도 하나님을 사랑한다고 말해 본 적 없으니 이 말은 나와 상관이 없어.'
- 하나님을 믿지도 않았으니까 하나님을 사랑한다고 말한 적도 없겠지요?
- 그렇게 빠져나가는데 그때 내 양심에 하늘의 음성이 들려왔어. "이놈아, 형제만 미워해도 어둠 속에 있는 자요, 형제만 미워해도 살인자이며, 형제만 미워해도 거짓말쟁이겠거늘 너는 너를 낳아 여태 양육해 준 아버지를 미워하면서 죄가 아니라고? 어디로 도망치려 하느냐?"
- 아휴, 놀랐겠군요? 그런 음성이 하늘로부터 들려왔다고요?
- 아니, 육신의 귀로 들었다는 말은 아니고, 그렇게 가슴에, 양심에 들려오는 소리를 들었다는 것이지.
- 그게 성령의 책망하시는 음성이었나 보네요?
- 그렇지? 성령의 은혜는 죄를 책망하여 깨우치는 게 은혜더라고. 그래서 나는 엎드려 무릎 꿇고 눈물로 회개하기 시작했어. 그냥 눈물의 고백이 터져 나오더라고. 회개도 내가 하고 싶다고 하게 되

는 게 아니라 성령께서 회개로 이끌어 주신 것이더라고…. 그날 밤 아버지를 미워한 죄로부터 시작하여 여러 가지 죄가 생각나서 회개하는 시간을 갖게 되었는데, 그렇게 회개의 시간을 갖고 나니 내 마음속에 저절로 믿음이 생기더라고. 내가 구원받았고 하나님의 자녀가 되었다는 확신이 들어오는 거야. '믿어야지' 뭐 그런 게 아니라 그냥 믿어졌어. 그날 밤 나는 거듭난 것이고 하나님의 자녀가 되고 영생 얻은 믿음이 그냥 왔어. 성령께서 확증의 은혜까지 주신 것이지. 로마서 8장의 말씀처럼 말이야.

롬 8:16 성령이 친히 우리의 영과 더불어 우리가 하나님의 자녀인 것을 증언하시나니

이때부터 나는 성령님의 실재를 알고 느끼고 늘 기도하며 성령 안에 사는 삶을 추구하고 누리고 감격하면서 희망을 품고 살게 되더라고. 미워하던 아버지와도 화해가 되고 머지않아 가족 모두 함께 예수 믿게 되는 은혜도 누리고 말이야. 나는 그때 거듭난 것이 틀림없고 하나님의 아들로 다시 태어난 것이 틀림없다고 믿어졌어.

- 아, 그렇게 성령의 은혜로 영성적 인생이 시작된 것이군요?
- 그렇지. 그러고 나서는 이제 첫 주제로 이야기 나눈 경건의 영성으로 영성적 삶이 지속되는 것이더라고. 그런데 이 경건의 영성에서도 성령께서 은혜로 도와주시는 것을 많이 경험하게 되더라고.
- 어떻게요? 경건 영성이라면 말씀 묵상과 기도를 통하여 이루어진

다고 하였는데, 말씀 묵상도 성령께서, 기도도 성령께서 도와주시던가요?

2
경건 영성을 도와주시는 성령님

- 응, 이 부분에서는 경건 영성을 다루면서 많이 이야기했으므로 성령께서 도와주시는 차원만 간단히 이야기하고 싶은데, 성령께서 성경 말씀을 읽고 묵상할 때 깨닫게 하시는 영으로 임하셔서 도와주시는 거예요.

말씀을 가르쳐 주시는 성령님

> **요 14:26** 보혜사 곧 아버지께서 내 이름으로 보내실 성령 그가 너희에게 모든 것을 가르치고 내가 너희에게 말한 모든 것을 생각나게 하리라

- 보혜사 성령께서 모든 것을 가르쳐 주시고 주님의 말씀을 생각나게 해주신다는 말씀인데요?

- 그렇지? 우리가 성경을 읽어도 성령께서 도와주시지 않으면 잘 깨닫지 못해. 그래서 히브리어와 헬라어가 능통한 신학자보다도 때로는 한글도 잘 모르는 시골 할머니가 성경을 더 깊이 깨닫는 경우도 있다는 거야.
- 선생님, 저의 고향 교회에는 그런 이야기도 전해지고 있어요.
- 무슨 이야기?
- 옛날, 그 고향 교회에 한글도 배우지 못한 할머니 권사님이 계셨는데요, 성경을 읽고 알고 싶은 마음이 너무 간절하여 하나님께 호소하고 기도하였는데, 성경을 읽기 시작했고 말씀을 깊이 이해하는 은혜를 받았대요. 그래서 그 손자가 할머니가 글을 읽지 못했던 분인데 성경을 소리 내어 읽고 있으니 신기하다며 동화책을 가져다 읽어 달라 하니 동화책은 못 읽더라는 것이에요.
- 얼마든지 가능한 이야기이지. 성령께서 도와주시면 그런 기적의 역사도 있고, 그렇지 않는 경우라도 성령의 은혜 안에서 읽어야 성경의 깊은 뜻이 이해되는 것이라네.
- 물론 말씀 묵상을 할 때 기록된 성경을 통하여 하나님의 현재적 음성을 듣게 하시는 분도 성령이니까 말씀 묵상에서 성령님이 안 계시다면 단순한 지성적 활동만으로 주님의 음성을 들을 수 없겠지요?

기도를 도우시는 성령님

- 맞는 말이지. 기도생활도 그래. 성령께서 도와주시지 않으면 기도생활도 잘 안 되고 기도도 어려워. 성경을 보면 성령께서 우리의 기도를 도우신다는 말씀이 많이 있지.

  > **롬 8:26-27** 이와 같이 성령도 우리의 연약함을 도우시나니 우리는 마땅히 기도할 바를 알지 못하나 오직 성령이 말할 수 없는 탄식으로 우리를 위하여 친히 간구하시느니라 마음을 살피시는 이가 성령의 생각을 아시나니 이는 성령이 하나님의 뜻대로 성도를 위하여 간구하심이니라

- 이 말씀에는 성령께서 우리의 연약함을 도우실 뿐 아니라 심지어 말할 수 없는 탄식으로 우리를 위하여 간구한다고 하는데요? 성령께서 친히 중보 기도를 한다고 해요.
- 성령께서 친히 탄식하며 간구하는 그 기도가 얼마나 완전한 기도겠나? 하나님의 뜻대로 기도하면서도 성도를 위하여 맞춤형 기도를 하신다는 것이니 말이야. 사실 우리가 기도를 열심히 한다고 하지만 기도를 열심히 하게 되는 것 자체가 은혜야. 성령 충만하면 기도가 잘되고 기도가 잘되면 또한 성령 충만하고 그렇게 가는 것이야.
- 우리로서는 일단 열심히 기도하면서 성령께서 기도를 이끌어 주시고 도와달라고 기도해야 하겠네요?

- 그러겠지? 한번은 내가 캐나다 캘거리에서 목회하는 한인 목회자 부부 영성 수련회를 인도한 적이 있지. 그때 성령께서 임재하셨고 모인 목회자 부부들이 참 많은 은혜를 받았는데, 한 분이 이렇게 간증하며 눈물짓더라고….
- 무슨 눈물의 간증을요?
- 자기는 캐나다에는 하나님이 안 계신 줄 알았대. 성도들에게 장로들에게 상처를 받아 영혼이 피폐해지고 심지어 기도가 안 되더라는 거야. 한국에서 목회할 때는 뜨거운 기도 속에 즐겁게 목회하였는데, 캐나다에서 이민 목회 하면서 이렇게 힘든 인간관계 속에서 너무 많은 상처를 받다 보니 기도가 안 되고 '아마 캐나다에는 하나님이 떠나고 안 계시구나' 그런 생각만 들었다는 거야.
- 너무 많은 상처로 영이 피폐해졌던 모양이군요?
- 그랬었나 봐. 그런데 이 영성 수련회에서 성령의 은혜를 다시 회복하면서 기도가 터져 나오고 감격의 눈물이 터져 나오고 영이 살아난 것이야. 그리고 나중에 들으니 그 교회가 다음 해 1년 동안 배로 성장하는 축복을 누렸다고 하더라고.
- 기도가 회복되니 능력 있는 목회를 하게 되었던 모양이네요?
- 그랬던가 봐. 하기야, 그 영성 수련회에 참석했던 목사님들의 교회마다 거의 배로 성장했다고 하더군.
- 결국 성령의 은혜 안에 있어야 기도도 되고 기도가 되어야 부흥도 되고 그렇군요?
- 그렇지. 그래서 성경은 성령 안에서 기도하라고 권하고 있다네.

엡 6:18 모든 기도와 간구를 하되 항상 성령 안에서 기도하고 이를 위하여 깨어 구하기를 항상 힘쓰며 여러 성도를 위하여 구하라

3
거룩하게 하시는 성령님

- 우리가 성령의 은혜 안에 살아야 하는 더 깊은 이유가 있지. 성령의 은혜가 아니고는 죄를 이길 수 없고 하나님의 품성을 닮을 수 없고 하나님의 뜻을 살아낼 능력이 없기 때문이야.
- 그게 무슨 말씀이신지요?

죄를 이기게 하시는 성령님

- 예수님의 은혜는 우리의 모든 죄를 사하시는 은혜이지?
- 그게 예수님의 십자가의 은혜이지요.
- 그런데 하나님은 우리의 어떤 죄라도 사하시고 씻어 주시는 은혜를 주시지만 동시에 죄를 안 짓고 죄를 이기고 살기를 원하시고 죄를 이기도록 도우시는 은혜를 주시지. 그게 성령의 은혜란 말이야.

- 죄를 이기게 하신다고요? 그래서 우리가 죄를 안 짓고 살 수 있게 하신다는 말인가요?
- 그렇지.
- 우리가 죄를 안 짓고 산다는 게 가능한 일인가요?
- 날마다 순간마다 성령 안에 거한다면 가능한 일이지. 내 능력으로가 아니라 성령의 능력으로 말이야.
- 믿어지지 않는데요?
- 이 사람들이? 우리가 하나님을 믿을 때에 거기까지 믿어야 해. 성령께서 함께하시면 온갖 죄의 유혹과 죄의 세력을 이기고 거룩한 삶을 살게 하시는 은혜가 있어. 우선 로마서 말씀 한 구절 읽어보자고.

> **롬 8:1-2** 그러므로 이제 그리스도 예수 안에 있는 자에게는 결코 정죄함이 없나니 이는 그리스도 예수 안에 있는 생명의 성령의 법이 죄와 사망의 법에서 너를 해방하였음이라

- 그리스도 예수 안에 있는 자들에게는 결코 정죄함이 없다는 말씀은 맞지요. 끝없는 용서의 은혜가 있으니까요.
- 맞지. 1절 말씀은 우리가 무한한 사죄의 은혜를 주시는 예수 안에 거하는 동안 정죄함은 없다는 점을 분명히 하지. 우리는 끝없는 용서함의 은혜를 누리는 자들이야. 그러니 어떤 경우라도 죄책감으로 물러설 필요는 없어. 담대한 사죄의 확신 속에 살아야지. 마

르틴 루터의 이야기가 생각나는군.
- 마르틴 루터, 종교개혁자 이야기인가요?
- 응, 마르틴 루터가 부패한 교회를 비판하고 한창 종교개혁을 진행하는 중에 마귀도 비상을 걸었는지 마르틴 루터를 절망시키려고 하였던 모양이야. 하루는 마르틴 루터가 굉장한 부담감을 안고 기도하고 있는데 마귀가 환상 중에 나타났대.
- 뿔 달린 마귀의 모습으로 나타났나요? 아이고, 무서워라.
- 글쎄? 뿔 달린 모습으로인지는 몰라도 나타났다는 것이야. 그리고는 하는 말이 "루터야, 적당히 살아라. 너도 거룩한 사람 못 되고 한없이 더러운 죄인 아니냐? 뭐 잘난 체하고 교회를 비판하고 그러느냐? 보아라. 너의 죄가 얼마나 많고 더러운지?" 그러면서 마르틴 루터가 지은 죄들을 날짜와 장소까지 기록한 두루마리를 펴 보이더라는 거야.
- 날짜와 장소까지 적어서요? 루터가 기가 꺾였겠네요?
- 반박할 말이 없더라는 거지. 이렇게 루터의 종교 개혁 활동을 멈추게 하려고 협박한 거지.
- 루터가 거기서 종교 개혁 활동을 포기하게 되나요?
- 아니, 루터가 마귀에게 소리쳐 꾸짖었대. "너는 할 일도 되게 없구나. 남의 죄나 캐고 다니면서 일일이 적어 가지고 협박하다니. 그래, 맞다. 네가 두루마리에 기록해 온 모든 죄가 내가 지은 죄들이 맞다. 그런데 한마디 빠진 것이 있다. 맨 아래에 내가 불러주는 말을 적어라. '이 모든 루터의 죄를 예수께서 다 짊어지시고 십자가

지고 가셨으므로 이 모든 죄는 사하여지고 사라졌느니라.'" 하고 소리 질렀더니 마귀가 사라지더래.
- 통쾌하군요. 모든 죄가 예수 안에서 사하여졌음을 확신한 루터의 승리네요.
- 그렇지? 우리는 죄 사함에 대한 이러한 확신, '예수 안에 있는 자에게는 결코 정죄함이 더 이상 없다'는 확신에 살아야 하지.
- 그렇지만 용서받고 동일한 죄에 또 빠지고 회개하고 용서받고 또 빠지고 이렇게 사는 것이 하나님의 뜻은 아닐 것이고 또 누구도 그렇게 죄에 넘어지며 사는 것이 즐거운 일도 아니지 않겠습니까?
- 그럴 수 없지.

> **롬 6:1** 그런즉 우리가 무슨 말을 하리요 은혜를 더하게 하려고 죄에 거하겠느냐

은혜가 크다고 하여 그 은혜를 더하게 하려고 죄에 거할 수는 없단 말이지. 그런데 바울 사도 자신도 탄식한 것처럼 우리가 죄에 지는 경우가 많다는 것이야.

> **롬 7:20-25** 만일 내가 원하지 아니하는 그것을 하면 이를 행하는 자는 내가 아니요 내 속에 거하는 죄니라 그러므로 내가 한 법을 깨달았노니 곧 선을 행하기 원하는 나에게 악이 함께 있는 것이로다 내 속사람으로는 하나님의 법을 즐거워하되 내 지체 속에서 한 다른 법이 내 마음의 법과 싸워

내 지체 속에 있는 죄의 법으로 나를 사로잡는 것을 보는도다 오호라 나는 곤고한 사람이로다 이 사망의 몸에서 누가 나를 건져내랴

- 속에 거하는 죄를 언급하는데요? 원하는 대로 되지 않고 원하지 않아도 죄를 짓게 하는 속에 거하는 죄, 죄의 세력이 있다는 것을 탄식하고 있는 것 같아요.
- 그렇지? 죄의 법이 자기를 사로잡는 것을 경험하는 거야. 지은 죄는 사함 받으면 끝인데, 죄의 세력이 있어 자신의 영혼을 사로잡아 죄를 짓게 만드는 이 사실에 바울 사도가 괴로워하고 있는 것이지.
- 바로 이러한 고민과 고통에서 해방되는 것을 로마서 8장 2절에서 간증하는 것 아닌가요?
- 맞아. 죄의 법, 죄의 세력에서 성령의 법, 성령의 능력이 우리 영혼을 해방시키므로 죄를 안 지을 수 있는 자유, 죄의 세력에서의 자유를 노래하고 있는 셈이지.
- 죄에서 싸워 승리하기 위하여 우리는 성령 충만해야 하겠군요?
- 맞는 말이지. 내가 훈련원 사역할 때 첫 달 훈련원 입소 당시에 얼굴이 매우 어둡고 몸에도 병기가 느껴지는 젊은 사모님이 있었는데, 알고 보니 이분이 미움이라는 죄의 세력에 매여 시어머니를 미워하고 있었고, 그것은 또 죄책감이 되어 짓누르고 영혼이 자유를 누리지 못하고 살면서 육체까지 신장염을 앓고 있었더라고.
- 고부 갈등 속에 상처받고 있는 며느리였던 모양이네요?

- 그랬던 모양이야. 그런데 첫 달 훈련원에서 지내는 동안 성령의 크신 은혜를 회복한 거야. 마지막 훈련 끝나는 시간에 간증을 자청하여 고백하더라고. 전도사님과 결혼하고 보니 즐거웠고 시부모를 잘 모시기로 결심을 해서 잘 모시게 되었대. 시어머니와 의견 차이가 큰데도 늘 지고 순복하다 보니 이게 오래 못 가고 몇 년 안 되어 시어머니가 싫어지고 자기주장이라도 해야겠다 싶어 말대꾸를 해보니 시어머니께서 대노하고 말이 안 먹히더라는 것이지.
- 시어머니도 좀 들어 주고 며느리 말도 존중해 주면 좋으련만….
- 전혀 말이 안 먹히더라는 거야. 그래서 그때부터 시어머니가 미워지는데, 도저히 한 집에서 같이 살 수 없더래. 결국 남편 바가지를 긁어서 빚을 내서라도 시부모와 따로 살지 않으면 이혼할 거라고 궁박하여 빚을 내서 따로 살림하게 되었다는군.
- 우선 눈에 안 보이니 조금은 숨통이 트이겠지만 즐겁지는 않을 텐데요?
- 그렇더래. 특히 명절이 되면 시부모 뵈러 가야 하는데 죽도록 싫고 어려워 부부 싸움하다가 명절에도 남편만 다녀오게 되고 며느리는 시부모 뵈러 가지 못하는 그런 생활을 하다 보니 결국은 영혼이 병들고 나중에는 몸도 병들더라는 거야.
- 병들만도 하겠습니다.
- 그래서 시름시름 병들어 시들어 가는 중에 바나바훈련 가서 치유 받고 새로워져 가지고 오라며 주변에서 많이 추천하고 권면하여 들어오게 되었대.

- 제대로 찾아온 것 같군요?
- 그래, 와서 은혜 받고 성령의 은혜를 회복하고 눈물로 기도하고 나니 자기가 해방되었다는 거야. 시어머니를 미워하는 미움이 사라지고 시어머니를 사랑할 수 있을 것 같아 훈련을 마치면 바로 시부모를 찾아가서 시어머니께 사죄드리고 화해할 것이라고 고백하더군.
- 해방과 구원의 역사가 일어났군요? 그래서 그렇게 찾아가 화해가 되었겠지요?
- 훈련을 마치자 집으로 가지 않고 시부모 댁으로 갔대. 가서 초인종을 누르자 시어머니가 나왔는데 며느리를 보자 얼굴 돌리며 일 없다고 가라면서 문을 닫아 버리더라는 것이야.
- 며느리는 해방되었지만 시어머니는 아직 해방된 것이 아니니까요?
- 그러겠지? "어머님, 사죄하러 왔으니 문을 열 때까지 저는 문밖에서 기도할 것입니다." 그렇게 소리 지르고 문밖에 무릎 꿇고 시어머니의 해방과 자유를 위하여 기도했더니 두어 시간 뒤에 문을 살며시 열어 보드래. 그래서 문 안으로 튀어 들어가서 시어머니를 끌어안았대. 그리고 "어머니, 사랑합니다. 지난날의 죄는 용서해주세요." 그렇게 끌어안고 고백했더니 시어머니의 마음이 풀렸는지 '들어가자.' 하시더라는군.
- 화해가 된 것이네요?
- 화해가 된 것이지. 이것이 성령께서 죄의 세력에서 해방시키는 은혜야. 미움이라는 죄의 세력에 묶여 있을 때는 시어머니 얼굴 보

러 갈 자유도 없어. 하지만 성령의 은혜를 받으니 스스로 가서 사죄하고 화해할 능력이 생긴 거야. 죄의 세력을 이기게 하는 성령의 은혜로 우리는 거룩한 삶을, 죄를 이기는 삶을 살 수 있게 되는 것이지.

- **단순한 죄책감으로부터의 해방은 십자가의 은혜를 믿음으로 이루어지고 죄의 세력으로부터의 해방은 성령의 은혜로 이루어지는 것이군요?**
- 성령의 은혜는 더 미워하지 않을 수 있는, 죄를 이기는 해방의 능력일 뿐 아니라 이제는 더 나아가 사랑할 수 있게 하는 능력에다 선을 행할 능력, 의를 행할 능력, 거룩을 행할 능력을 주신다네.

사랑의 능력

- 그건 무슨 말씀인가요?
- 죄를 이기는 것만이 아니라 이제는 의롭게 선하게 사랑스럽게 살아가는 능력을 주시고, 우리를 그렇게 변화시켜 주시는 은혜를 성령께서 행하신다는 말이지. 자네들, '성령의 열매'라는 말을 들어보고 읽어 보았지?
- 갈라디아서 말씀 말인가요?

> 갈 5:22-23 오직 성령의 열매는 사랑과 희락과 화평과 오래 참음과 자비와 양선과 충성과 온유와 절제니 이 같은 것을 금지할 법이 없느니라

- 여기 보면 여러 가지 아름다운 열매를 이야기하는데 첫 열매가 '사랑'이라고 하지? 우선 사랑이라는 열매를 깨달아 보면 나머지 열매들에 대하여도 이해가 갈 거야. 전 장에서 죄를 이기는, 죄의 세력에서 해방시키는 능력을 이야기할 때 미움이라는 죄가 성령의 은혜로 극복되는 이야기를 나누었지?

- 그랬지요.

- 그런데 미워하지 않는다는 것은 소극적 은혜이지. 이에 비하여 적극적인 은혜는 사랑하는 은혜가 아니겠나? 우리 한국 교회사에 두고두고 이야기되는 사랑은 손양원 목사의 사랑 이야기 아닌가? 6·25 한국전쟁 때, 혼란 시기에, 손양원 목사의 두 아들이 그 지역의 공산주의자에게 살해되는 일이 있었지.

- 아, 그 이야기요? 그런데 손양원 목사님은 자기 아들을 죽인 그 청년을 용서할 뿐 아니라 사랑으로 품고 결국 그를 양아들로 삼았다는 이야기 말이지요?

- 그래. 인간의 능력으로는 그러한 원수를 사랑하는 일이 불가능해. 그런데 성령께서 다스림으로 미움은 사라지고 사랑할 수 있는 능력을 주신 거야. 성경은 하나님 자신의 속성이 사랑이라고 하지?

> **요일 4:16** 하나님이 우리를 사랑하시는 사랑을 우리가 알고 믿었노니 하나님은 사랑이시라 사랑 안에 거하는 자는 하나님 안에 거하고 하나님도 그의 안에 거하시느니라

- 하나님이 사랑이시라는 것은 누구나 알고 믿는 바이지요?
- 그렇지. 그러면 하나님의 영이신 성령님도 '사랑의 영'이시지 않겠나? 이 사랑의 영이 우리에게 들어오시면 우리도 사랑할 수 있는 능력이 생기는 것이지. 성령 충만하면 사랑도 충만하게 되는 거야. 바울 사도는 '성령으로 말미암는 사랑'이라는 말을 사용하기도 하지.

> **롬 15:30** 형제들아 내가 우리 주 예수 그리스도와 성령의 사랑으로 말미암아 너희를 권하노니 너희 기도에 나와 힘을 같이하여 나를 위하여 하나님께 빌어

- 성령의 사랑, 즉 성령께서 사랑하게 하는 그 사랑으로 너희를 권한다고 하였네요?
- 타락한 인간에게 진정한 사랑은 별로 남아 있지 않아. 하지만 성령의 사랑, 성령께서 사랑하게 하시고 사랑할 수 있게 하시는 은혜로 인간의 한계를 뛰어넘는 사랑을 할 수 있게 하시는 것 아니겠는가? 내가 간증을 하나 나누어야겠어.
- 간증해 주세요. 간증은 언제나 실제적인 적용점을 가르쳐 주더라고요.
- 바나바훈련원 원장 시절에 젊은 전도사 한 사람이 훈련받으러 왔는데 아주 독특한 사람이었어.
- 어떤 점이 독특했나요?

- 글쎄, 한마디로 하면 야생마라 할까? 영적으로 아주 교만하고 아무의 말도 듣지 않고 오직 하나님이 시키는 대로 한다는 자부심으로 행동하더라고.
- 기도를 많이 하던 사람인가 보네요?
- 기도도 많이 하고 특히 전도에 열심이 있는 청년이었어. 월급 받는 일도 아닌데, 학원 선교를 한다고 서울대 학생들 전도폭발 훈련을 하고 성결대학 학생들 전도훈련을 하고, 기도훈련하고, 헌신하고 '열심'이 특심하기는 했어.
- 월급 받는 것도 아니라면 후원을 받는 것은 있었나요?
- 뭐 후원자도 없는 것 같더라고?
- 총각 전도사였나요?
- 아니, 결혼했고 딸이 하나 있었어.
- 그럼 생활비는 어떻게 해요?
- 생활비 걱정하면서 일하는 것은 하나님의 일꾼이 아니라고 믿고 헌신하면 굶어도 헌신하는 것이라고 돈은 안 나오는 학원 선교에 열정을 쏟고 있는 것이었어.
- 대단하긴 한데, 보편적이지는 않았겠군요?
- 그래서 비가 새는 지하방에 세 들어 살면서 먹을 것도 없어 그 사모는 손가락 빠는 경우도 있었대. 별난 헌신자였지. 주말에라도 교회에서 봉사하면 조금이라도 생활비가 마련될 텐데, 교회 분위기에는 적응을 못하는 거야. 아니, 담임 목사가 이 친구가 너무 특별하니까 감당이 안 되는 것이야. 그래서 기존 교회에서는 환영을

못 받는 것 같더라고.
- 그래서요?
- 그런데 하나님께서는 내게는 그를 사랑스럽게 바라보는 눈을 주시더라고. 오늘날 굶느냐, 먹느냐를 앞세우지 않고 전도하러 다니는, 막무가내 헌신이기는 해도 이렇게 헌신된 청년을 어디서 보겠는가 싶은 마음을 주시더라고. 그래서 그를 격려하느라고 그가 훈련을 마친 후로는 우리 훈련원에서 그에게 매달 50만 원씩 학원 선교비로 후원을 하게 되었지.
- 훈련원이 재정적으로 여유가 있었나 보네요?
- 여유가 있어서가 아니지. 우리도 후원 받아 운영하던 처지라 넉넉한 것은 아니지만 우리도 헌신하는 자세로 떼어 낸 것이었지.
- 그게 사랑의 영으로 이루어진 것이라는 말씀인가요?
- 아니, 그것만 가지고 말하는 게 아니고 그 이후 이야기가 중요해. 훈련원에서 간사 한 사람을 두는데 이 간사는 총무가 선택하여 데려올 만한 사람을 데려오라고 했지.
- 원장님이 선택하는 게 아니고 총무가 선택하라고 하셨다고요?
- 간사와 더불어 가장 가까이에서 함께 일해야 하는 사람이 총무이니 총무가 데려오게 한 것이었는데, 총무가 생각하는 사람을 접촉해 보면 바나바에 오겠다는 사람이 없는 거야.
- 왜 올 사람이 없었을까요?
- 그 당시 바나바훈련원이 매력이 없었던 것이겠지. 출세 길이 열리는 것도 아니고 재정적으로 풍성한 것도 아니고 하니 온다는 사람

이 없는 거야. 그러자 생각하다 못해 총무가 그러더라고.

- 총무가 뭐라고요?
- 우리 훈련원에서 매달 후원하고 있는 그 김 전도사를 훈련원 간사로 불러들여 함께 일하면서 학원 선교도 동시에 하게 하면 안 될까 하는 제안이었어. 그렇게 되면 우선 매달 50만 원씩 이미 보내고 있는 것을 포함시키면 재정도 절약될 것이고, 훈련원 일이 융통성이 있으니 일주일에 하루 이틀 학원에 가서 전도하고 훈련하는 일을 하게 해도 될 것이라며 제안하는 거야. 그래서 내가 총무에게 경고했지. "나는 그를 데려오는 것 찬성일세. 그러나 그는 야생마여서 누구의 말도 안 들어. 제 고집대로만 일하는 스타일이야. 그래서 총무가 그를 다루기가 만만치 않을 거야. 그러니 총무가 기도해 보고 그를 품어 함께 일할 수 있다면 나는 오케이할게." 그렇게 말해 주었지.
- 그래서 데려왔나요?
- "아우처럼 대하면서 사랑하면서 함께 일하면 되지 않겠어요?"라면서 그를 간사로 데려오고 싶다는 것이야. 그래서 나도 기도해 보았지.
- 기도해 보니 데려오라 해요?
- 그가 들어오면 어려울 것이라는 감을 느끼게 하시더라고.
- 그래서 안 데려왔나요?
- 두 가지를 말씀하시더라고. 하나는 부탁의 말씀을, 하나는 약속의 말씀을.

- 어떤 부탁, 어떤 약속이던가요? 궁금해지네요?
- 부탁이라는 것은 그가 열심은 특심하고 헌신하는 마음은 대단하나 전혀 길들여지지 않은 야생마요, 보편성이 너무 결여되므로 장차 교회를 위하여 하나님 나라를 위하여 그가 교정되지 않으면 하나님도 사용하시기 어렵고 교정되면 매우 큰일을 이루게 될 것이므로 그를 교정하는 일을 바나바훈련원에 부탁한다는 것이고, 그가 교정되면 바나바훈련원에 큰 선물을 가져올 것이라고 하시더라고.
- 무슨 큰 선물을 가져온대요?
- 그것은 구체적으로 안 가르쳐 주셨고 하여튼 큰 선물을 가져올 것이라는 거야. 바나바훈련원이 그를 교정하기 위하여 수고만 하는 것은 아니고 유익과 축복이 있다는 것이야. 그래서 그를 간사로 들여놓고 함께 일하게 되었지.
- 뭔가 긴장감이 드는 것 같은데요?
- 월요일부터 처음 일한 그 주간 목요일 저녁에 우리 스텝 코이노니아 모임이 있었지. 매주 목요일 저녁에는 세 가정 6명이 직급을 내려놓고 형제로서 코이노니아 모임을 갖고 삶을 나누고 함께 기도하는 시간이었지. 그런데 그의 부부가 참석한 첫 코이노니아 모임에서 자기가 나눌 차례가 되니 이렇게 말하는 것이었어. "한 달 전부터 바나바훈련원에서 나를 부를 줄 알았습니다. 하나님께서 네가 바나바훈련원에 들어가 바나바훈련원 영성을 좀 개혁하고 강화시켜야 한다고 말씀하셨습니다."

- 바나바훈련원의 영성 개혁의 사명을 가지고 왔다고요? 아무리 사무실이 아니고 형제로 만나는 자리라 해도 원장, 총무 다 자기보다 선배요 높은 직급이요 바나바훈련원 개척자들인데, 주제넘게 개혁한다고요? 우와, 정말 영적 교만이 대단한 정신병자로군요?
- 아니, 자네가 왜 흥분하나?
- 제가 흥분 안 하게 되었습니까? 이걸 말이라고 하는 그런 정신병자가 어디 있어요?
- 하여튼 우리의 앞길이 험하겠음을 직감하는 순간이었지. 그러나 이 코이노니아 모임은 계급장 떼고 형제의 사랑을 나누는 현장이므로 함께 껄껄껄 웃고 "그래, 바나바훈련원의 영성을 개혁하고 강화시켜 주게나." 그렇게 받아주고 기도하고 했지.
- 그냥 웃고 끝났다고요? 훈계하지도 않고요?
- 개혁 대상이 어떻게 훈계를 하겠나? 하여튼 그 뒤로 총무가 고생이 많았지. 사랑이라는 것도 말이 통해야 사랑을 하지. 완전 일방적 고집으로 행하니 직접 부딪히는 총무는 죽을 지경이었겠지?
- 같이 일하기는 힘들겠군요?
- 그래, 한 반년 동안 인내하던 총무가 마침내 한계를 느끼고 내게 찾아와서 이 친구하고는 도저히 함께 일할 수 없으니 내보내야겠다고 상의하더군.
- 내보내야지 어떻게 함께해요? 아이고, 답답해. 내가 답답해 죽겠네요.
- 그런데 그를 처음 들여놓을 때 말씀하신 하나님의 말씀이 생각나

서 나는 총무를 달랬어. "조금 더 인내하며 함께 해보자. 그가 여기 와서도 교정되지 않으면 정말 쓸모없는 인물이 되거나 어디 이단 교주가 될지도 모르는 일이니 인내로 그가 교정될 때까지 수고해 보아야겠네." 그렇게 달랬는데 답답하기는 답답한 일이야. 총무 말을 안 들어. 자기가 기도해 보니 그렇지 않다고 말하면 끝이야. 원장 말도 안 들어.

- 아유, 답답해, 나가라고 해야지요? 그렇게 교만한 자를 어떻게 휘하에 두고 함께 일해요? 총무님이 죽을 지경이었겠네요?
- 그래, 다시 반년이 지나 그러니까 그가 들어온 지 1년이 다 될 때쯤 총무가 다시 나를 찾아와 진지하게 고민을 털어 놓으며 그와는 함께 일할 수 없으니 내보내자고 조르더군.
- 당연하지요. 그런 고집불통 교만한 사람을 어떻게 직원으로 둬요?
- 그래서 이번에도 총무를 달래며 조금 더 인내해 보자고 다독였지.
- 그건 총무님에게만 인내하라고 할 일이 아닌 것 같은데요. 원장님이 무슨 조치를 하든지 훈계를 하든지 따끔하게 야단치고 교육을 해야 하지, 뭐 참기만 해요?
- 허허, 지원이가 열 받는 모양이네? 그게 맞는 말이긴 한데, 도대체 이 녀석은 야단쳐도 소용없었어. "그러려면 나에게 일을 맡기지 말든지, 내게 일을 맡겼으면 내가 기도해 보고 하는 대로 둘 일이지…. 이렇게 해라, 저렇게 해라 하면 내가 기계입니까?" 이런 식이야. 화나는 대로 하려면 "그러려면 나가" 하면 끝날 일이지만, 하나님이 교정해 달라고 하신 말씀 때문에 울며 겨자 먹기로 참았어.

그래, 나도 답답해서 기도실에 들어가 하나님께 항의하며 부르짖었지. "도대체 말이 통해야 교정도 하지요? 이렇게 교만하고 이렇게 불통인 사람을 어떻게 교정하라는 것입니까? 도대체 어떻게 해야 교정 됩니까? 뭐 특효약은 없습니까?" 그렇게 항의도 하면서 기도하는데, 주께서 하시는 말씀이 들려오더군.
- 뭐라고 하셨는데요?
- "사랑만이 특효약이다." 그러시는 거야.
- 더 사랑하라고요? 말이 통해야 사랑도 하지요.
- 그러게 말이야. 그래서 더 사랑하게 도와달라고 기도하면서 사랑의 능력을 구하였지.
- 사랑의 마음이 일어나고 사랑의 능력이 행사되던가요?
- 더 적극적으로 사랑해 보자는 마음이 생기더라고. 그래서 총무 부부는 놔 두고 그 친구 부부를 특별 초대하여 식사를 함께하게 되었지. 좀 분위기 좋은 고급 레스토랑에 작은 독방을 예약해 놓고 그 전도사 부부를 불렀어.
- 선생님도 부부가 함께 하셨겠지요?
- 물론이지. 넷이서 한 방에 식사를 하게 되었는데, 이 부부가 오히려 매우 긴장을 하더라고. 뭐 총무하고 자주 말다툼하고 한 것 다 아는 것이니 '이제 올 것이 왔나 보다. 우리보고 이제 떠나라고 하려나 보다' 하면서 그렇게 긴장하는 것 같더라고.
- 눈치가 조금이라도 있다면 긴장하겠지요?
- 그 사모가 입을 열더군. "총무님 부부는 안 부르시고 저희 부부만

부르신 것을 보니 저희에게 심각하게 말씀하실 것이 있는 것 같은데 식사하기 전에 먼저 말씀하시지요?" 그래서 나는 "아니, 식사부터 하자고. 너무 긴장할 것 없어. 괜히 긴장하는 것 같네?" 그렇게 말해도 영 긴장하고는 식사를 하기 어렵다면서 "혹 저희가 훈련원에 덕이 안 되는 것이 아닌가요?" 하면서 불안해하더라고.

- 그래서요?
- 나는 그렇게 말했지. "나는 지금까지 살면서 김 전도사 같이 주님께 헌신되어 있고 영혼 구원 전도의 열정을 가진 젊은이를 만나본 적이 없어. 김 전도사 같이 구령 열정에 헌신된 자를 우리 훈련원 스텝으로 가지게 되었다는 것은 너무 감사한 일이야."
- 그렇게 말씀하시면 감동받았겠는데요?
- 아니, 아직은 일러. 이 말을 진실로 여기지 아니하고 반어법으로 말하는 줄로 오해하는 눈치였어. 더 긴장하면서 숨죽이고 말을 안 하더라고. 그래서 나는 계속했지. "그래서 말이야. 나는 김 전도사를 내 양아들로 삼고 싶어. 김 전도사가 내 아들이 될 것이냐, 정 사모가 내 딸이 될 것이냐 둘 중 하나는 받아주게."
- 네? 아, 예? 아들로 삼거나 딸로 삼겠다고요?
- 응, 더 적극적으로 사랑해야겠다고 생각했고 또 그들도 그래야 나의 말을 들을 것 같아서 그랬지.
- 그들의 반응은 무엇이었는데요?
- 사모가 먼저 말하더군. "김 전도사를 아들 삼아 주세요."
- 김 전도사는요?

- 아무 말이 없어서 내가 채근했지. "어떤가? 김 전도사, 내 아들이 되어 주겠는가?" 그랬더니 "너무 황송하고 감사하지요." 하더라고.
- 마침내 수용했군요?
- 그래, 그래서 사무실에서는 원장과 간사로 만나야 하지만 사무실 밖에서는 아버지와 아들로서 만나고 대화하고 사랑하자고 약속했지. 그런데 신기한 일이 일어났어. 아들로 삼고 나니 그가 무슨 잘못한다고 생각되지 않고 다 긍정적으로만 보이는 거야. 그렇게 되자 그 전도사 부부도 나를 대할 때 아버지 대하듯 애정과 존경을 가지고 대하기 시작하더라고. 그래서 내 말이 그에게 먹히기 시작하는 것을 느끼게 되었고 그가 교정되기 시작했지. 그의 야성적 성격은 지금도 여전하기는 하지만 이제는 주변 사람들을 의식하고 더불어 일하는 스타일로 조금씩, 조금씩 나아지더라고.
- 그래서 총무님 하고도 잘 지내게 되었나요?
- 총무하고도 아주 잘 지내게 되었는지는 내가 말하기 어려우나 하여튼 이제 총무 말도 수긍하고 순종하려는 노력은 하더라고.
- 그 후 얼마나 더 훈련원에 있었는데요?
- 총 7년 동안 같이 일하고 내가 은퇴할 때 그도 훈련원을 떠나서 다른 일을 하게 되었지.
- 와우, 7년 함께 했으면 어느 정도는 맞아 들어가는 부분이 생겼다는 뜻이겠지요? 그리고 그 전도사가 아니 이제 목사가 되었겠지요? 그 목사가 교정이 이루어졌다고 보아야겠네요? 그가 교정되면 큰 선물을 가져올 것이라고 하셨다면서 선물은 무엇이던가요?

- 큰 선물이었어. 그가 바나바훈련원 영성을 개혁하겠다던 교만이 사라지고 바나바훈련원 훈련 콘텐츠에 매우 감동을 받고 이 콘텐츠를 사용하여 캠퍼스 사역에 적용하면서 '캠바훈 운동'이 일어나더라고.
- 캠바훈이 뭔데요?
- '캠퍼스 바나바 훈련'의 약자이지. 이 캠바훈 운동이 일어나면서 각 대학으로 번져나가 지금은 40여 개 대학에서 캠바훈 활동이 진행되면서 캠퍼스 부흥을 일으키고 있고 바나바훈련원에서 청소년 훈련을 한다든지 청년 훈련 등 행사를 할 때마다 이 캠바훈 아이들이 와서 조교로 봉사자로 섬겨 바나바훈련원이 활기 넘치고 젊은이들이 득실거리는 곳이 되었어.
- 젊은이들을 선물로 주신 셈이네요?
- 그렇지.
- 사랑이 큰 역사를 이루었군요? 그 사랑의 역사가 성령의 은혜로 이루어졌다는 간증이시지 않아요?
- 그렇지, 내게 무슨 대단한 사랑이 없어. 그런데 성령께서 그렇게 모든 허물을 받으면서 사랑할 능력을 주신 것이지.
- **미워하지 않을 자유를 누리는 것도 성령의 은혜이지만 적극적인 사랑의 능력도 성령의 은혜로 가능한 것**이란 진리네요?

성령의 열매

- 사랑뿐 아니라 온갖 선함과 의로움과 거룩함의 열매가 많지? 성령의 열매를 다시 읽어 보자고.

  > **갈 5:22-23** 오직 성령의 열매는 사랑과 희락과 화평과 오래 참음과 자비와 양선과 충성과 온유와 절제니 이 같은 것을 금지할 법이 없느니라

- **희락**이란 기쁨이라는 뜻이지요?
- 그렇지. 내가 지난번에 사랑의 영성을 이야기하는 중에 인용했지만 마게도냐 성도들은 시련의 많은 환난에 넘치는 기쁨의 은혜를 누렸다고 하지 않았던가? 성령의 은혜는 어떤 경우라도 기쁨을 누리게 하는 능력이지. 하나님은 성경을 통하여 우리에게 "항상 기뻐하라"(살전 5:16)고 말씀하시지.
- 항상 기뻐한다는 것이 가능할까요?
- 인간의 능력으로는 불가능하지. 그러나 성령 충만하면 성령의 희락하게 하시는 은혜로 말미암아 가능해지는 것이지.
- 다음에는 화평이라 하는데요, 화평은 무엇을 의미하지요?
- **화평**은 여기 헬라어로는 에이레네(εἰρήνη)인데, '평화, 화목, 화해' 등의 뜻으로, 대체로 '갈등 없는 관계'를 의미할 때 많이 쓰이지. 첫째는 하나님과 화목한 관계를 의미하고, 둘째는 이웃과 화목한 관계를 의미하고, 때로는 자신 안에 갈등이 없는 평안을 의미하기

- 도 하지.
- 그렇다면 우리의 삶과 관련해 볼 때 화평케 하는 성령의 능력과 은혜를 의미한다고 보아야겠군요. 전쟁과 다툼과 갈등이 많은 세상에서 화해의 능력이요, 화목의 능력이요, 평강의 능력으로 주어지는 성령의 은혜를 가리키는 것 같네요?
- 그렇지?
- 그다음에는 **오래 참음**이라고 하는데요? 인내의 능력을 의미하는 모양이네요?
- 그런 것이겠지? 인내도 두 종류이긴 한데.
- 두 종류라니요?
- 하나는 힘들고 고난스러운 여건에서 참고 이겨내는 인내가 있고, 또 하나는 분하고 화가 나는 경우에서 전혀 화를 내지 않고 인내하는 인내가 있지?
- 그럼 여기의 인내는 어떤 인내일까요?
- 둘 다라고 해서 틀리겠나? 참기 어려운 고난 중에도 참게 되고 참기 어려운 모욕이나 비난 중에도 참게 되는 능력을 성령의 은혜로 갖게 되는 것을 의미한다고 보는 것이지.
- 그다음에는 자비라고 하는데요? 자비는 무엇이지요?
- 여기서 **자비**란 크레스토테스(χρηστότης)인데 선함(goodness), 친절함(kindness), 우정(friendliness) 등의 뜻을 가지고 있어 선대하는 마음을 나타낸다고 보아야겠지. 선하고 친절한 배려의 마음을 의미한다고 보아야 할 거야.

- '성령의 은혜로 따스한 친절이 넘치는 능력'이라고 해야 하겠군요?
- 그래. 교회 생활을 하다 보면 참으로 따스하고 친절한 마음으로 우리의 마음을 따스하게 해주는 매너의 사람들을 자주 보게 되지? 성령이 그렇게 가능하게 해준다는 것이야.
- 그다음에는 **양선**인데요, 같은 의미일까요?
- 일단 헬라어가 다른 단어이긴 한데, 아가도쉬네(ἀγαθωσύνη)라는 단어인데 이 단어야말로 선함(goodness)이라는 뜻을 가지고 있어. 그런데 이런 단어들의 어떤 차이점 보다는 모든 선한 능력을 주시는 성령님으로 이해하는 것이 더 중요할 거야. '기본적으로 사람들을 선대하는, 다른 이의 선함을 추구하는 마음가짐'이라고 보면 될 것 같아.
- 그렇군요? 그다음에는 충성이라 하네요? 충성이란 말은 상관에게 최선을 다하는 그런 의미 아닌가요?
- **충성**은 헬라어로 피스티스(πίστις)인데, 피스티스는 원래 믿음(faith)을 의미하는 단어야. 그래서 신실성, 진실성 등을 의미하면서 하나님을 믿는 믿음이 100%여서 오직 그분에게만 순종하고 따르는 것을 뜻하고 있지.
- 성령 충만하면 100% 주님을 믿는 것이 가능하고, 100% 믿음이면 그분만 신뢰하고 목숨을 그분에게 거는 충성이 가능하겠네요? 그다음은 온유인데요?
- **온유**란 헬라어 프라오테스(πραότης)는 그대로 '온유', '친절', '겸손', '동정심' 등의 의미를 가지고 있는 단어지. 그런데 성경 전체의 맥락

에서 온유란 우리 자신의 부드러운 성품을 의미하기보다는 하나님께 반응하는 자세와 사람에게 반응하는 자세를 나타내거든.

- 그게 무슨 뜻이에요?
- 어떤 경우라도 하나님이 아시는 중에 나의 선함을 위하여 섭리하고 계신다는 믿음으로 부드럽게 반응하는 것을 온유라고 한다네. 그러니까 어떤 이해할 수 없는 경우를 만나도 불평불만을 하는 것이 아니라 하나님의 섭리 가운데 일어난 일이니 믿음으로 반응하고 기다리는, 그러한 태도를 의미하는 것이야. 마찬가지 믿음으로 사람에게도 일일이 분노하거나 적대하지 않고 선의로 받아들이고 인내하며 기다리는 태도를 말하는 것이지.
- 결국은 모든 것이 합력하여 선을 이룬다는 믿음의 반응이군요?
- 그렇다네.
- 마지막으로 절제라 하는데요?
- **절제**의 헬라어는 엥크라테이아(ἐγκράτεια)로서 자제(selfcontrol)한다는 뜻이야. 낭비하지 않는 것을 의미하기도 하지만, 그보다는 자신을 통제하는 능력을 의미한다고 보아야지. 혈기를 내거나 분노를 터트리거나 남을 헐뜯거나 하는 죄 된 마음과 행위는 통제하고 차분히 주의 선한 의지로 사람들을 대응하는 것을 의미한다고 보아야겠지.
- 그러니까 **모든 선함과 의로움과 진실함과 거룩함을 살아가는 능력을 성령께서 공급해 주신다는** 것이네요? 그리고 보면 성령의 은혜 안에 살지 않고는 진정한 그리스도인의 선하고 아름답고 덕

스러운 삶을 살기는 쉽지 않은 것인데, 성령의 은혜 안에 살면 그러한 아름다운 삶이 가능해지는 것이군요? 그러므로 우리는 성령으로 살아야 한다는 말씀이지요?
- 아주 훌륭한 이해야.
- 그런데 선생님, 이런 아홉 가지나 열거되는 이런 능력을 금지할 자가 없으리라고 하네요?
- 성령으로 살면 틀림없이 이러한 능력으로 살아가게 된다는 확증의 말씀이겠지?
- 할렐루야. 우리 모두 성령으로 살아갑시다.
- 선생님, 대청호 호반길이 참 아름답네요. 걸을 만한 산책길이에요.
- 이렇게 걸으며 담화하기에 아주 좋은 길이지?
- 풍경도 참 아름다워요.
- 지금 겨울 끝이고 한낮이라 그런데, 새벽 동틀 무렵부터 일출 시간에 보면 더 아름답지. 그리고 가을 단풍 시즌에 오면 낮에도 아름다워. 아, 참, 내 핸드폰에 지난 가을에 찍은 사진이 담겨 있을 것인데, 찾아보아야겠다. 자, 보게. 얼마나 아름다운가?
- 어, 단풍과 호수의 반영에다 주렁주렁 열린 감이기가 막힌 아름다움이군요?
- 아니, 저 감 열매

가 아홉 개 아니에요? 성령의 아홉 가지 열매를 상징하는 것 같아요.

- 그런가? 재미있군.
- 아, 아름다운 호반 산책에, 은혜로운 간증에 오늘 행복합니다.

4
코이노니아의 영이신 성령님

- 그래? 감사한 일이군. 조금 더 이야기를 나눌까? 두 번째 여행에서 기독교의 영성은 코이노니아 영성이라는 점을 이야기하였는데, 이 코이노니아도 성령의 은혜로 이루어지는 것이라네.

- 지금까지 신학이나 교리나 성령의 은혜를 말할 때는 개인적으로 받고 누리는 은혜로만 이해해 왔는데요, '코이노니아를 만드시는 성령님'이라는 개념은 생소한 것 같아요.

- 하기야, 성경 전체를 이해하는 데도 코이노니아 관점을 놓치고 이해한 부분이 많았지. 그런데 하나님께서는 인간을 창조하실 때부터 코이노니아로 존재하는 인간을 창조하셨고, 타락한 인간을 구원하실 때에도 이 코이노니아 공동체적 인간으로 구원하려 하시고, 교회는 그 회복된 코이노니아 공동체로 세우신 것을 알게 되니, 성령님의 은혜도 코이노니아를 이루시는 성령님이라는 점이

감사하게 깨달아지는 것이지.
- 코이노니아 인간관을 깨닫고 나니 성령님께서 코이노니아 공동체와 만나시고 코이노니아를 세우시는 은혜의 영이실 것이라는 게 자연스러워지기는 하네요.
- 우선 예수님께서 성령을 보내주신다는 약속을 하신 말씀도 개인적인 차원으로만 이해할 일이 아니고 코이노니아적 관점에서 이해할 필요도 있다고 봐.

> **요 14:16-20** 내가 아버지께 구하겠으니 그가 또 다른 보혜사를 너희에게 주사 영원토록 너희와 함께 있게 하리니 그는 진리의 영이라 세상은 능히 그를 받지 못하나니 이는 그를 보지도 못하고 알지도 못함이라 그러나 너희는 그를 아나니 그는 너희와 함께 거하심이요 또 너희 속에 계시겠음이라 내가 너희를 고아와 같이 버려두지 아니하고 너희에게로 오리라 조금 있으면 세상은 다시 나를 보지 못할 것이로되 너희는 나를 보리니 이는 내가 살아 있고 너희도 살아 있겠음이라 그날에는 내가 아버지 안에, 너희가 내 안에, 내가 너희 안에 있는 것을 너희가 알리라

- 지금까지 이 말씀들도 개인적으로만 적용해 왔는데요, '너희와 함께 거한다'고 하실 때 너희는 너희 각자일 수도 있지만 **너희라는 복수형 공동체일 수도** 있겠지요? '너희가 내 안에, 내가 너희 안에' 있다는 것도 '개인의 영혼 속에'라고 이해할 수도 있지만 '너희라는 공동체 속에 거한다'는 말씀일 수도 있다는 것이네요?

- 우와, 성진이의 영적 이해도가 굉장한데? 바로 그 점이야. 코이노니아 영성을 다룰 때 인용했거니와 예수님께서 요한복음 14-16장에서 보혜사 성령님을 보내주실 것을 말씀하고 나서 제자들을 위한 중보기도를 하실 때 요한복음 17장에서 제자들이 하나 된 공동체가 되기를 간구하셨다는 것을 이미 보았지?

> **요 17:21-23** 아버지여, 아버지께서 내 안에, 내가 아버지 안에 있는 것같이 그들도 다 하나가 되어 우리 안에 있게 하사 세상으로 아버지께서 나를 보내신 것을 믿게 하옵소서 내게 주신 영광을 내가 그들에게 주었사오니 이는 우리가 하나가 된 것같이 그들도 하나가 되게 하려 함이니이다 곧 내가 그들 안에 있고 아버지께서 내 안에 계시어 그들로 온전함을 이루어 하나가 되게 하려 함은 아버지께서 나를 보내신 것과 또 나를 사랑하심 같이 그들도 사랑하신 것을 세상으로 알게 하려 함이로소이다

- '친교 영성' 즉 코이노니아 영성을 다룰 때 이미 살펴본 말씀입니다.
- 그렇지? 분명히 예수님의 마음속에는 이 코이노니아 공동체를 회복하는 것이 주요한 과제였어. 그래서 그렇게 기도하신 것인데 이 기도가 이루어진 것을 보여주는 기록이 어디에 있나?
- 사도행전 초대교회 공동체를 이룬 것이지요?
- 맞아. 사도행전을 보면 예수님을 따르던 무리들이 기도하다가 오순절 날에 성령의 충만함을 받게 되자 개체적인 그리스도인일 뿐

아니라 공동체적인 교회로서 하나 된 것을 보여주지? 그렇게 개체적인 제자들을 공동체로 만든 것이 성령의 은혜의 역사였다는 말일세. 그러므로 성령님 없이는 교회가 있을 수 없는 것이야. 교회는 '코이노니아 공동체'이거니와 또 다른 말로 '성령 공동체'라고 말해야 할 것이야. 그래서 자연스레 피어나는 사랑의 공동체를 이루고 함께 기도하고 함께 전도도 하는 감격스러운 능력의 공동체가 되는 것이지.

행 2:42-47 그들이 사도의 가르침을 받아 서로 교제하고 떡을 떼며 오로지 기도하기를 힘쓰니라 사람마다 두려워하는데 사도들로 말미암아 기사와 표적이 많이 나타나니 믿는 사람이 다 함께 있어 모든 물건을 서로 통용하고 또 재산과 소유를 팔아 각 사람의 필요를 따라 나눠 주며 날마다 마음을 같이하여 성전에 모이기를 힘쓰고 집에서 떡을 떼며 기쁨과 순전한 마음으로 음식을 먹고 하나님을 찬미하며 또 온 백성에게 칭송을 받으니 주께서 구원받는 사람을 날마다 더하게 하시니라

— 그러니까 이 사도행전에 그려진 사랑으로 하나 된 공동체가 곧 코이노니아 공동체이고, 예수님께서 요한복음 17장에서 기도하신 공동체가 응답되고 이루어진 공동체라는 말씀이지요?

— 그렇지 않은가? 그래서 성령님은 코이노니아의 영이신 셈이지. 성령의 은혜로 코이노니아 공동체가 이루어지는 것이란 말이야. 그렇다면 당연히 성령의 은혜가 없는 교회는 코이노니아 공동체 경험이

불가능하고 코이노니아 공동체로 존재할 수 없는 것이겠지?
- 교회는 성령 공동체여야 코이노니아 공동체가 된다는 사실은 중요한 원리인 것 같습니다. 오늘날 교회들이 무기력하게 되는 것은 성령의 은혜를 상실했기 때문이고 코이노니아 공동체가 와해되었기 때문이 아닐까요?
- 다인이가 중요한 이야기를 한 것 같아. 나의 소망적인 간증을 하나 들려주어야 하겠군.
- 간증을요? 코이노니아와 성령의 은혜에 관련된 간증인가요?
- 아마 그럴 거야. 한번은 내가 볼리비아 산타크루즈에서 2박 3일의 길지 않은 일정으로 선교사 수련회를 하게 되었는데, 선교센터에서 30여 명 모였던 것 같아.
- 초교파적으로 모였나요?
- 물론 그랬지. 그런데 나중에 간증해서 알았지만 그 선교사들 사이에 네 쌍이 서로 원수처럼 말도 안 하고 지내는 갈등관계에 있었다는 것이야.
- 30여 명 중에 네 쌍이면 8명이지 않아요?
- 어쩌면 그 부인 선교사들까지 영향을 받았을 터이니, 16명인 셈이지.
- 우와, 절반이 갈등관계에 있었군요?
- 그런데 그 수련회에 성령께서 충만하게 임재하셨어. 서로 간에는 말도 안 하고 지내지만 그날 밤 각자 참석을 한 거야. 그런데 성령께서 임하시니까 뭐 간단하더라고. 서로 찾아가 잘못을 빌고 부둥

껴안고 화해가 일어난 것이야.

- 네 쌍이 전부 화해가 되었나요?
- 응, 뭐 나는 회개하라든지, 서로 용서하고 화해하라든지, 서로 찾아가라든지 그런 말을 하지 않았어. 그냥 메시지만 전하고 통성 기도를 하게 되었는데 기도하는 동안에 성령의 감동을 따라 기도하다가 서로 찾아가고 사죄하고 포옹하고 눈물 흘리며 화해하는 역사가 일어난 거야.
- 그날 밤 무슨 메시지를 전했는데요?
- 아마, 마태복음 7장 말씀으로 비판하지 말라는 메시지를 전했던 것 같아. 메시지를 담담하게 전하고 통성 기도를 하자고 했는데, 이미 말씀을 나눌 때 성령이 역사하시고 기도할 때 성령께서 그렇게 화해의 역사를 이루시더라고. 그러고 나서 그 후로 그 도시에서 코이노니아 기도 모임이 생겨나서 여러 해 동안 지속되면서 큰 축복을 누린다고 하더라고.
- 선교지에서 선교사들 간의 갈등 이야기는 아주 파다해요. 고질병이라고들 하던데요?
- 맞아, 내가 선교지 많이 다니며 크고 작은 선교사 수련회를 많이 인도했는데, 선교사 갈등 이야기는 어디 가나 많았고, 또 성령의 은혜로 화해의 역사가 일어나는 것도 많이 보고되었지. 고린도전서 12장 12-13절을 보면 성령께서 하나 되게 하신다는 말씀이 나오지?

> **고전 12:12-13** 몸은 하나인데 많은 지체가 있고 몸의 지체가 많으나 한

몸임과 같이 그리스도도 그러하니라 우리가 유대인이나 헬라인이나 종이나 자유인이나 다 <u>한 성령으로 세례를 받아 한 몸이 되었고</u> 또 다 한 성령을 마시게 하셨느니라

- 바울 사도는 여기서 교회를 몸으로 비유하면서 지체가 많으나 한 몸이라고 역설하고 성령으로 한 몸이 되었다고 하네요?
- 그렇지. 성령은 우리로 하나 되게 하시는 코이노니아 영이야. 성령의 은혜가 아니고는 하나 된 진정한 코이노니아를 경험할 수 없어. 반대로 성령의 은혜 안에서 우리는 진정한 사랑도, 진정한 코이노니아도 경험할 수 있고 누릴 수 있는 것이지.
- 하기야 성령께서 코이노니아의 한 파트너이니까 성령님이 안 오시면 코이노니아가 이루어질 수 없겠지요?
- 지원이가 중요한 원리를 말했네, 그래. 우리의 코이노니아는 우리끼리의 친교만 아니고 성령님께서 한 파트너로 오셔야 하는 코이노니아이니까 당연히 코이노니아의 영으로 성령이 오시지 않으면 코이노니아가 아니지.
- 이를 증명하는 간증은 뭐 없나요? 우리가 선생님에게 듣는 것은 교리나 신학이 아니라 체험한 진리를 듣는, 간증을 통한 말씀의 확증을 받는 것이 즐겁고 중요할 것 같아요.
- 그래? 그러면 간증 하나 나누지. 여러 해 전에 우루무치에 가서 선교사 수련회를 인도하게 되었지.
- 선교사 수련회도 참 많이 다니셨나 봐요.

- 내가 말하지 않았나? 백 번 넘게 다녔다고…. 우루무치에서 선교사 모임을 갖게 되었는데, 그때 사랑의 중보기도를 가르치고 둘씩 짝을 지어 기도하라고 했지. 형제의 짐을 서로 지는 경험을 하자고. 서로를 위하여 부르짖고 기도하게 되었는데 기도가 끝나자 한 남자 선교사가 보름 동안 설사를 했는데 고침 받은 확신이 든다고 간증하더니 정말 치유되었고, 한 선교사는 병명이 뭐라 했는지 모르겠는데 어깨가 무너져 내린 거야. 어깨가 함몰되었대.
- 어깨가 어떻게 함몰돼요?
- 글쎄, 어찌된 것인지는 몰라도 어깨가 내려앉은 것이 만져지더라고. 하여튼 그 형제를 위하여 우리는 열심히 기도하게 되었어.
- 치유가 되었나요?
- 그날 밤 그 형제는 치유되지 않았어. 그런데 기도하던 사람 중에 눈물 콧물 뿌리며 기도하던 한 자매가 비염이 치유되는 간증을 했어. 수련회 내내 어깨가 함몰된 형제를 위하여 기도하였으나 그는 치유받지 못했어. 그러나 그렇게 기도하는 중에 많은 사람이, 기도해 주던 사람이 치유되는 경험을 했지.
- 당사자는 치유가 안 되고 기도하던 사람들이 치유되었다고요?
- 그랬어. 그런데 성령께서 임하시고 역사하시는 경험을 하고 나니 성령의 감동을 따라서 수련회가 끝나고도 그들은 그 사역자를 위하여 기도회로 매주 모이게 되었다네.
- 나을 때까지 기도하자, 그런 분위기가 되었던 모양이네요?
- 그랬던 모양이야. 나는 돌아왔어도 자기들끼리 매주 모여서 기도

하되 특별히 그 어깨가 함몰된 형제의 치유를 위하여 모일 때마다 눈물로 기도하게 되었대.
- 즉시 응답이 안 된 대신 자연스럽게 기도모임이 일어난 셈이네요?
- 그랬지. 그런데 그것이 계기가 되어 우루무치에서는 기도의 부흥이 일어나게 된 거야. 매주 선교사들이 모여서 기도하게 되고 기도의 간절함이 커지고 뜨거워져서 40일 금식기도 하는 선교사, 20일 금식기도 하는 선교사와 현지 지도자가 많이 일어나고 기도의 큰 부흥과 더불어 무슬림 전도가 활발히 진행되는 역사가 일어났다는 것이야.
- 그 위골된 형제는 어찌되었나요?
- 6개월 기도해도 안 나았대. 그리고 귀국해서 수술하게 되었다네.
- 안 낫는 것도 있네요.
- 하나님의 섭리 가운데 그 형제는 사랑의 코이노니아 공동체를 일으키고 경험하게 하는 계기가 되고 기도의 부흥을 일으키는 계기만 만들고 귀국하여 수술하고 안식하고 선교지로 복귀하는 은혜를 입었다고 하더라고.
- 성령께서는 하나 되게 하시는 역사를 이루시고 부흥을 주시고 하셨네요?
- 그랬다네. **성령께서는 사랑과 화해와 하나 되게 하시는 은혜의 능력으로 역사하시어 진정한 코이노니아 공동체를 경험하고 누리게 하시는 분이라네.**

5
선교와 사역의 능력을 주시는 성령님

- 이미 말했지만 다시 말하거니와 내가 경험하고 깨달은 바로는 기독교의 모든 사역, 선교든 설교든 전도든 상담이든, 모든 사역은 성령 사역이어야 한다는 것이야. 오늘날 교회가 무기력해지는 것은 목회자들을 길러내는 신학 교육이 지성적 학문적 교육에 머물러 영성을 상실한 목회자가 많아지기 때문이 아닐까? 목회자든 평신도든 교회 안에서 이루어지는 사역이나 교회 밖에서 이루어지는 사역들이 성령으로 사역하지 못하는 것에 기인한다고 생각되더라고.
- 성령 사역을 상실한 것 때문에 교회 부흥이 멈추게 되었다는 말씀이지요?
- 그렇지 않겠는가? 성경의 증언은 선교와 사역을 위하여 권능을 주시려고 성령을 부어 주시는 것으로 나오지 않던가? 대표적으로 사도행전 1장 8절 말씀이 그렇지?

> **행 1:8** 오직 성령이 너희에게 임하시면 너희가 권능을 받고 예루살렘과 온 유대와 사마리아와 땅 끝까지 이르러 내 증인이 되리라 하시니라

권능을 받고 복음 전하는 사역을 위하여 성령을 부어 주시는 것으로 보아야 하지 않을까?

- 이미 위에서 본 대로 성령의 은혜를 부어 주시는 목적과 의도가 우리의 거룩한 삶과 코이노니아를 이루는 일들이라든지 성령을 부어 주시는 목적이 꼭 선교와 전도의 능력을 주시려는 것만이라고는 말할 수 없어도 1차적인 목표가 된다고 보아야 하겠네요. 사도행전 전체가 성령행전이라고 해도 과언이 아니지요? 베드로가 한 번 설교하자 3,000명이 회개하고 믿는 역사가 일어난 것은(행 2:41) 성령께서 함께 하시는 일이 아니고야 불가능한 일이었겠지요?
- 성령 충만함을 받으니까 사도들뿐 아니라 빌립 집사님 같은 경우도 전도하고 병자들을 고치고 귀신을 쫓아내며 사마리아에 교회가 세워지는 역사가(행 8:14) 일어난 것도 다 성령의 은혜의 역사였지요?
- 지원이는 뭐 하나? 다인이와 성진이가 이렇게 성경을 꿰고 있는데 말이야.
- 그러지 않아도 지금 속으로 놀라고 큰 도전을 받고 있는 중입니다, 선생님.
- 좋은 일이야. 평신도들이 성경을 잘 이해하고 실행해야 진정한 기독교의 부흥이 온다고.

- 갑자기 오늘 어깨가 으쓱해지네요, 선생님.
- 다인이, 성진이 훌륭해. 그리고 자네들이 말한 대로고, 빌립 집사님의 경우는 성령에 이끌리어 에티오피아 내시에게 전도하게 되는 기록도 있지?
- 두말하면 잔소리지요. 사도행전의 선교의 역사는 사도들이건 평신도들이건 성령에 이끌리고 성령의 능력으로 사역했다는 것은 분명하지요.
- 그래서 바울 사도가 고백한 말이 내 말과 전도함이 단순한 인간의 지식에 의한 설득이 아니라 성령의 은사와 능력이었다고 하지 않던가?

> **고전 2:4** 내 말과 내 전도함이 설득력 있는 지혜의 말로 하지 아니하고 다만 성령의 나타나심과 능력으로 하여

- 이 성령 사역을 회복하는 일이 한국교회를 살리는 일이 될 것 같군요?
- 그렇지? 내가 놀라고 도전받은 것은 예수님조차도 성령 사역을 하셨다는 것이야.
- 예수님이 하나님인데, 뭐 성령 사역이라고 말해야 하나요?
- 이번 여행 서두에 이미 말했지만, 예수님이 하나님이지만 인간의 몸을 입고 오신 경우에는 인간의 한계 속에 오셨기 때문에 성령님을 의지하고 성령님과 함께 일하셨다고 하는 거야.

- 예수님도 성령님의 능력으로 일하셨다면 우리야 말할 것도 없겠지요?

성령의 강권하심

- 서두에 갈릴리 이야기를 했었는데 좀 이어가야 할 것 같군. 그때 뜨겁게 성령 체험을 하고 나서 경험한 것은 우선 성령께서 이끌어 가시는 것을 경험했지. 성령께서 나를 움직이시더라고.
- 성령께서 선생님을 움직이고 이끌어 가더라는 말씀이지요?
- 그랬어. 4월 고난주간이 되는 주일, 갈릴리 기도원 교회에서 주일 아침 예배를 드리고 있었지. 그날 전도사님이 고난주간에 대한 광고를 하는데 "이번 주간은 고난주간입니다. 예수님의 십자가의 고난을 생각하며 이번 주간에는 금식도 해보시고 여행이나 오락을 삼가고 그렇게 예수님의 고난에 동참하는 마음으로 한 주간 보내시기 바랍니다." 하는 거야.
- 흔히 있는 광고네요?
- 그런데 그 광고를 듣고 있는 나에게 성령의 감동이 밀려오는 것이야. '아니, 여행이나 금하고 오락을 금하고 금식이나 한두 끼 해 본다고 예수님의 고난에 동참하는 것이 될 것인가? 좀 더 적극적으로 고난주간을 지킬 수는 없을까?'

이런 생각을 하며 마음이 편치 않고 부담이 되는 거야. 오후에 전도사님을 댁으로 찾아가서 만났지. "전도사님, 고난주간을 좀 더 적극적으로 지킬 수 없을까요?"

"어떻게요?"

"우리가 여행이나 오락을 금한다고 십자가의 고난이 느껴지겠습니까? 금식한들 예수님의 고난에 동참이 되겠습니까? 차라리 고난주간에는 금식하는 심정으로 돈벌이도 하루쯤 멈추고 모두 나와서 전도하는 일을 하게 하면 어떨까요? 예수님의 십자가는 우리들 영혼의 구원을 위한 것이니 그 의미를 소극적으로가 아니라 적극적으로 살려 다른 일을 희생하고 시간을 내어 전도하는 일에 헌신하도록 해보면 어떨까요?"

- 그 질문이 상당히 의미 있는 질문 같은데요? 사실 금식 하루 이틀 한다고 십자가 고난이 되겠어요? 그런 소극적인 것 말고 정말 적극적으로 영혼 구원을 위한 헌신으로 전도하는 일이 몇 배 의미가 있겠는데요?

- 그렇지? 그렇게 물었더니 전도사님 사모님이 입을 열더군.

"목사님, 우리도 그러고 싶어요. 그러나 우리가 지금까지 전도하려고 매우 애를 썼지만 전도가 안 되는 바람에 전도를 포기하고 살고 있는 것이 솔직한 고백입니다. 어떻게 하면 전도가 되겠는지, 목사님께서 구체적으로 가르쳐 주세요."

- 그 말이 솔직한 말일 거예요. 사실 목사나 전도사뿐 아니라 누구라도 그리스도인은 전도하면 좋겠다는 생각은 다 하지요. 문제는 전도할 줄 모른다는 것이지요.

- 그럴 거야. 하여튼 갑자기 내 어깨에 커다란 숙제가 내려졌지. '그

래, 어떻게 전도를 단시간에 가르치지?' 잠시 주님께 묵도하며 여쭈었더니 한 아이디어가 떠오르더군.

"전도사님 그리고 사모님, 단시간에 전도를 할 수 있도록 훈련하기는 어려울 것이라 싶네요. 우선 할 수 있는 것을 해봅시다."

"무엇부터 할까요?"

"부활주일에는 무슨 일을 하고자 합니까?"

"계란이나 삶아서 나누어 먹을까 하지요."

"계란은 왜 삶아 먹습니까?"

"부활주일에는 언제나 삶은 계란을 나누어 먹던 것을 기억합니다."

"계란이 부활을 상징할진대 차라리 생 계란을 나누는 것이 낫지 않을까요?"

"글쎄요, 예부터 하던 일이라 그냥 하지요. 잘 모르겠네요."

"그러면 의미를 살립시다. 부활주일에 삶아서 나눌 계란 대신 생 계란을 좀 더 마련해서 고난주간 금요일에 집사님들이 나와서 교회 주변 마을마다 집집마다 계란을 한 줄씩 돌리면서 전도하도록 합시다."

"계란만 돌린다고 전도가 될까요?"

"전도를 해야지요."

"전도할 줄을 모르거든요?"

"계란을 포장하고 그 속에 인사말로 시작하는 전도의 글을 적어서 첨부합시다. 우선 그렇게라도 하는 것이지요."

"집집마다 계란을 한 줄씩 하려 해도 돈이 적지 않게 들 텐데요?"

"한번 몇 가구나 되는지 조사해 보세요."

전도사님이 조사해 오더니 150가구가 된다고 하더군.

- 본격적인 복음 제시까지 하고 결신시키는 전도는 좀 훈련이 필요할 테니, 우선 인사말을 빙자한 전도지를 넣고 포장하여 계란 선물을 나누어 주자는 아이디어였군요?

- 그랬지. 그런데 150가구에 계란 한 줄 즉 10개씩 나누어 주려면 12만 원 정도 들고, 인사 겸 전도의 말이 담긴 전도지 인쇄비랑 포장비가 좀 들어 적어도 15만 원 이상의 예산이 필요하더군. 가난한 시골교회는 갑자기 이것도 만들어 내기 힘들다는 것이야. 나도 실업자니 없는 것은 마찬가지였으나 문병 오며 두고 간 봉투를 털어 10만원을 내가 헌금하고 준비하라고 일렀지. 그리고 주일 저녁에 광고해서 성도들이 금요일에는 전도하러 모이도록 했지.

- 선생님이 거의 다 만들어준 것이네요?

- 하여튼 성령께서 나에게 임하시고 나를 움직이신 거야. 마침내 성 금요일이 되어 6명의 성도들이 모였더군. 전도사님 내외분까지 8명이니 4팀으로 나누어 계란을 집집마다 나누며 전도하기로 했지. 내 승용차로 각각의 동네까지 계란을 실어다 주고 나는 마지막으로 전도사님 팀과 계란을 싣고 마지막 동네로 갔어. 거기 기존 신자가 한 분 있어서 그 집에 계란을 내려놓고 잠시 차를 대접한다고 하여 성도의 집에 들어가 앉았지. 차 대접을 받고 있는데 마침 그 자리에 그 남편도 앉아 있었어. 인사를 나누고 대화를 하다 보니 그 남편은 아직 교회에 안 다니는 불신자였던 거야. 차를 한 모

금 마시고 있는데 성령의 음성이 들려오더군.

"너 전도하러 나왔으면서 전도 대상자인 불신자가 네 앞에 앉아 있는데 가만히 차만 마시고 있느냐?"

- 골치 아프군요. 성령 충만하면 골치 아프겠어요. 성령께서 시키는 일이 많지 않아요?
- 무슨 소리야? 자네, 이것은 억지로가 아니라 즐거움으로 그렇게 하게 하더라고. 그래서 나는 입을 열어 그 남편 분에게 전도를 시도했고, 전도사님은 그것을 다 보고 있었고. 30분 복음 제시를 하고 결신을 묻자 믿겠다고 결신하는 거야.
- 30분 만에 결신까지 하게 되었다고요?
- 그랬어. 성령이 시키는 대로 하면 쉬워. 감사했지. 전도하러 나와서 단순히 계란만 돌리는 것이 아니라 실제로 전도가 이루어졌으니 얼마나 감사한가? 이를 지켜보던 전도사님이 한 집사님과 계란을 다 돌리고 와서 교회로 돌아오는 길에 내게 묻더군.

"목사님, 저에게 전도를 가르쳐 주실 수 있겠습니까? 저는 지금까지 전도하려고 열심히 노력은 해보았는데 결신을 받아본 적이 없습니다. 그런데 목사님은 한 번에 결신을 받아내네요."

- 아하, 갈릴리에 오더니 본격적인 사역이 시작되는 모양이네요? 이제 전도와 전도 훈련 사역이네요.
- 그런 것 같지? 나는 기왕 시작한 거 금요일마다 그 전도사님을 데리고 전도하러 나가기를 결심했지.

"전도사님, 매 금요일마다 전도하러 나와 함께 나갑시다. 그러면

제가 하는 전도를 관찰하시면서 배우고, 또 제가 설명하여 구체적으로 전도하는 법을 훈련시켜 드리겠습니다."

"그러지요. 감사합니다."

- 그래서 매주 금요일에는 전도하고 전도 훈련하고 그런 모양이군요?
- 그렇게 되었지. 금요일마다 우리는 전도하러 나갔고 내가 전도하는 동안 전도사님은 관찰하도록 하고 돌아오는 길에 설명하며 가르치고 코치하는 형식으로 전도 훈련을 했지.
- 그러고 보니 갈릴리에서 선생님의 사역이 시작된 것이네요?
- 그런 것 같지? 성령의 능력으로 하는 사역이 말이야. 한번은 전도하러 어느 집에 갔더니 60대 초반쯤 되어 보이는 아저씨께서 병으로 누워 계신 거야. 그래서 전도하고 기도하였는데 그 아저씨의 늑막염이 치유되고 믿게 되는 역사도 있었지.
- 사도행전의 역사가 일어난 모양이네요?
- 그렇지? 예수님이 제자들에게 전도 훈련을 시키실 때 병든 자를 고치며 복음을 전하라고 (마 10:7,8) 하신 대로 이루어지게 되었지.
- 확실히 갈릴리는 갈릴리네요?
- 그러게 말이야. 동네만 다녀서는 안 되겠기에 대전역에 가서 전도하고 훈련하기도 했지.
- 치유 사역에, 전도 사역에, 전도 훈련 사역까지. 의미 있는 사역이 진행된 것이네요.
- 그렇지? 이로 인하여 월급은 나오지 않지만 적어도 사역은 시작되

었던 것이야. 이때 나는 '사역은 사역이고 월급은 월급이다.'라는 생활철학을 갖게 되었어. 월급과 상관없이 월급이 있든 없든 많든 적든 언제나 주님 앞에 쓰임 받는 것을 기뻐하고 살아가기로 다짐하게 된 것이지. 전도 훈련과 더불어 나중에는 전도된 새신자를 어떻게 양육할 것인가 하는 양육 훈련도 시키게 되었는데 가까이에서 목회하고 있던 또 다른 목사도 와서 자기도 전도 훈련, 양육 훈련을 시켜 달라고 해서 함께 훈련하게 되었지. 우리는 시골 동네에서 금요일마다 전도하다가 주일 오후에는 대전역에 나아가 한 차례 전도 실습을 더 하게 되고, 나중에는 나는 중보기도자로 함께하고 전도사님이 전도하게 되고 결신자도 나오게 되었어.

- 예수님은 성령의 능력으로 갈릴리로 가셔서 사역하셨는데, 선생님은 갈릴리로 가셔서 성령의 능력을 받고 사역하게 되셨군요?
- 그렇게 되었나? 하여튼 그 이후 나는 모든 기독교 사역은 성령 사역이어야 한다고 깨닫고 특히 설교 사역에서 성령의 역사가 있기 위해 많이 기도했고 교수로 재직하면서 강의실에도 성령께서 임하시기를 위하여 기도하면서 강의하곤 했는데, 강의실에서 회개의 역사도 일어나고 성령 체험하게 되는 학생들이 나와 감격하기도 했다네. 특히 설교하면서 성령의 뜨거운 경험을 많이 하였는데 내가 설교 영성을 다룬 《설교가 뭐길래?》라는 책에 그 간증이 나오지.

사역 영성 / 성령의 은사

- 이제는 사역 영성을 다룰 차례가 된 것 같군.
- 사역 영성이라고요?
- 내가 여러 번 말하는 것 같은데, 기독교의 사역은 그것이 목회 사역이든 전도 사역이든 선교 사역이든 다 성령 사역이 되어야 한다고 말했지? 이는 목회자만이 아니고 평신도들도 자신의 직업 현장에서 또 삶의 현장에서 예수님의 제자로서 전도하고 제자 삼고 사역하게 될 때는 마찬가지이지.
- 네, 그 말씀은 여러 차례 강조하셨습니다.
- 우리 주님께서는 사역을 맡기실 때 그 일을 행하고 이룰 수 있는 능력도 주시는데, 그것이 성령의 능력이요 성령의 은사라고도 하지. 그러니 여기서는 성령의 은사에 대한 이해와 체험을 추구하도록 하면 좋겠어.
- 선생님, 신학 교육 과정에 은사론을 다루던가요? 우리는 아직 배우지 못했는데요.
- 거의 다루지 않을 거야. 합리주의적 접근을 하는 신학교육에서 은사와 같이 신비한 능력에 대하여는 다룰 줄 모르고 거의 토론에서 제외되어 왔지. 그런데 혹 다루는 신학책도 있기는 해. 조직 신학에서 은사론을 다룬다면 어느 주제에서 다루게 되는지 아나?
- 아직은 모릅니다.
- 내가 선다형으로 물어야 하겠군. 성령론에서 다룰 것 같은가? 교

회론에서 다룰 것 같은가?
- 성령의 은사이니 성령론에서 다루는 것 아닌가요?
- 아니야. 교회론에서 다뤄. 성령의 은사는 교회의 부흥과 성장과 그 사역을 위한 능력으로 주시는 것이기 때문이지. 성령의 은사는 개인적이기보다는 공동체적인 선물이라는 뜻이지. 우선 은사는 교회 공동체를 위하여 주시는 선물이요, 능력이라는 점을 이해하고 들어가는 게 좋겠어. 사람들이 은사를 다루기를 어려워하고 꺼리는 것은 은사가 이론적으로 설명하기 어려울 뿐만 아니라 신비한 것들이기 때문에 말도 많고 때로는 탈도 많아. 특히 은사를 경험하지 못한 사람들은 은사를 부정적으로 생각하는 경향이 생겨.
- 은사 받은 사람들이 때로 교만하거나 무례하거나 하여 거부 반응을 하는 경우가 많은 것 같습니다.
- 그래서 어떤 신학자나 목회자는 은사는 초대 교회에 내려주신 한시적인 것이었고 성경 정경이 완성된 이후로는 은사는 멈추고 없다고 주장하고 가르치는 사람들도 있어.
- 또 어떤 목사님의 설교를 들으니 사랑의 은사가 가장 큰 은사라고 하며 사랑의 은사를 받으면 다른 은사는 필요 없다고 설교하는 것도 들었는데요?
- 대체로 그렇게 설교하는 경우는 은사를 부정적으로 보기 때문에 사랑이라는 가장 고상한 개념으로 다른 은사들을 대체시키고 은사는 무시하는 경향이지. 자, 그래서 은사에 대하여 긍정적이면서 건강한 이해가 필요한데, 나는 은사를 적극적으로 받고 사용해야

한다고 믿는 사람 중 하나야. 은사 이야기를 가장 집중적으로 다루는 게 성경 어느 부분이지?
- 고린도전서 12장부터 14장 아닌가요?
- 그렇지? 자, 이제 날씨가 좀 쌀쌀한 것 같으니 저기 호반의 카페에 가서 커피든 차든 한 잔 하면서 은사에 관한 이야기를 나누도록 할까?
- 그러지요. 찻값은 제가 쏘겠습니다.
- 다인이가? 막내한테 얻어먹어서 될까?
- 마침 저 장학금 탔더니, 등록금 준비 안 해도 된다고 좋아하시면서 아빠가 보너스를 좀 주셨습니다.
- 그렇다면 함께 축하하는 마음으로 받아도 될 모양이군.
- 아이, 도전이네. 나도 장학금 받고 한턱 쏘는 날이 올까?
- 아니라고 말할 필요가 있겠나? 새 학기 오거든 열심히 해봐. 자, 무슨 이야기 하다 말았지?
- 은사 이야기 하던 중입니다.
- 그래, 이제 고린도전서 12장부터 14장으로 가서 공부를 좀 해 보기로 하지. 우선 12장 1절부터 3절까지를 읽어 보자고.

고전 12:1-3 형제들아 신령한 것에 대하여 나는 너희가 알지 못하기를 원하지 아니하노니 너희도 알거니와 너희가 이방인으로 있을 때에 말 못하는 우상에게로 끄는 그대로 끌려 갔느니라 그러므로 내가 너희에게 알리노니 하나님의 영으로 말하는 자는 누구든지 예수를 저주할 자라 하지 아니하

고 또 성령으로 아니하고는 누구든지 예수를 주시라 할 수 없느니라

"형제들아 신령한 것에 대하여 나는 너희가 알지 못하기를 원하지 아니한다"고 바울 사도는 말하고 있어. 우릴 향해서도 그렇게 말씀하고 계신 것 같지 않니?

- 그렇군요. 우리 모두 신령한 것에 대하여 알기를 원한다는 말씀이지요? 그런데 1절 말씀을 언급하는 이유가 뭐지요? 우리의 과거와 현재 예수를 믿는 일에 관하여 말하고 있거든요?

- 우리가 우상과 죄를 떠나 예수를 믿고 주님이라 고백할 수 있게 된 것 자체가 성령의 은혜의 역사였음을 대전제로 하는 말씀이지. 그리고 4절부터 본격적인 은사를 이야기하는데 우리의 구원과 예수 믿는 믿음으로 이끄신 같은 성령의 은혜의 범주에서 은사도 성령의 신령한 선물이라는 것을 강조하는 것 같아. 같은 성령의 은혜의 일이니 우리를 거듭나게 하고 우리의 속사람을 변화시키는 같은 성령께서 은사도 주시는 것임을 상기시키는 말씀이지. 자, 4절 이하로 가서 본격적인 은사를 어떻게 설명하는지 보자고.

은사, 직분(직임), 사역(역사)

> **고전 12:4-7** 은사는 여러 가지나 성령은 같고 직분은 여러 가지나 주는 같으며 또 사역은 여러 가지나 모든 것을 모든 사람 가운데서 이루시는 하나님은 같으니 각 사람에게 성령을 나타내심은 유익하게 하려 하심이라

- 선생님, 여기 은사와 직분과 사역, 이렇게 삼중적으로 언급되고 있고 동시에 성령, 성자(주님), 성부(하나님) 삼위일체 하나님이 언급되는데, 각각 같은 것을 말하나요? 다른 것을 말하나요? 이 세 가지 다 성령의 나타남이고 성령의 나타남을 주심은 유익하게 하려는 것이라 하니 적극적으로 사모할 일이기는 한 것 같은데, 삼중적인 성령의 나타남이 무엇인지는 이해가 안 되거든요?
- 이 부분을 잘 이해하는 게 대단히 중요한 것 같아. 그래야 뒤로 이어지는 이야기들을 잘 이해할 수 있게 되는 것 같거든. 이 말씀은 성령이 삼중적으로 나타나고 삼중적으로 우리를 돕는 선물이라는 거야. 내가 이해하는 대로는, 우선 은사는 우리가 일반적으로 다루는 은사, 어떤 사람에게 사역의 능력으로 내려주시는 성령의 능력의 선물을 의미한다고 봐. 많은 은사 중에 가장 눈에 보이기도 하고 설명하기 쉬운 병 고침의 은사, 신유의 은사를 예로 들어서 말하면 신유의 은사란 어떤 성도에게 주시는 병 고치는 능력을 의미하지. 신유의 은사를 받은 사람은 병든 사람을 위해 기도해 준다거나 안수하면 병이 낫게 되는 확률이 많아. 병 고치며 전도하게 되는 능력이 행사되는 것이지.
- 그러면 직분은 무엇이지요?
- 사실 지금 개역개정판에 '직분'이라고 번역했는데 이전 그냥 한글 개역판에는 '직임'이라고 번역했거든. 나는 개인적으로 직분이라는 단어보다는 직임이라는 번역이 더 나은 것 같아. '직임' 하면 '맡긴 직분'이라는 뜻이기에 더 나은 번역이라고 보는 것인데, 하여튼 직

분이든 직임이든 이게 무엇을 의미하는가? 무슨 말로 사용하든 이 말은 다 성령의 은혜의 역사라는 관점에서 해석해야 하거든. 그래서 여기서의 직분은 교회에서 제도적으로 맡기고 맡는 직분은 아니고 주님께서 성령으로 맡기고 맡는 직분인데, 다시 설명하면 주님이 어떤 성도에게 어떤 특별한 성령의 능력을 부어 주시므로 그 성도는 그 능력이 자기의 직분이 되고 그의 사역 분야가 되는 경우를 의미하는 것이라고 이해하면 될 것 같아.

- 무슨 말씀인지 이해가 잘 안 되는데요? 예를 들어서 설명해 주시지요.

- 신유의 은사로 예를 들면, 신유의 은사를 받은 사람은 그 신유의 은사를 사용하여 교회에 봉사하는 것인데 어떤 사람에게는 신유가 단순한 은사가 아니라 그의 봉사 분야, 평생 교회를 위하여 그 분야의 사역을 하게 되는 경우를 의미하지. 우리나라에서 유명했던 현신애 권사 같은 경우는 신유가 그의 직분 또는 직임이라고 보아야지.

- 그냥 은사와 뭐가 다른데요?

- 여전히 신유의 은사를 예로 든다면 설교자나 가르치는 교사도 신유의 은사를 받을 수 있고, 설교하면서도 신유의 은사를 사용할 수 있고, 강의하면서도 신유의 은사를 사용할 수 있어. 그런데 신유의 직임을 받으면 설교나 강의가 주가 아니라 병 고치는 일이 주 사역이 된다는 것이지.

- 은사냐 직임이냐의 차이는 주 사역이냐 부분 혹은 보조 사역이냐

의 차이란 말인가요?

- 그렇게 말할 수도 있지. 그래서 내가 요양생활을 하다가 신유의 은사를 경험했는데 평생 병 고치는 안수만 하게 될까 봐, 그건 싫어서 반납했다는 이야기를 한 것 같은데 내가 잘 알지 못해서 그렇게 된 것이야. 그냥 설교자로 또는 강의하는 자로 일하면서도 신유의 은사를 사용하면 되는데, 신유의 직임과 구별을 모르고 있었기에 그렇게 된 것이지.

- 그럼 '사역' 또는 '역사'라고 번역된 말은 무엇을 의미하는 것이지요?

- 이 부분도 나는 한글개역판 번역이 더 나은 번역이라고 보는데, 이는 넓게 모든 성령의 역사를 의미하는 것이야. 특정한 인물에게 준 은사나 직임은 아니지만 우리의 기도와 사역 가운데 역사하는 성령의 모든 역사를 의미하지. 다시 신유를 예로 든다면 우리 중에 아무도 신유의 직임이나 은사를 받은 사람이 없다고 가정해 보자고. 그러면 우리 가운데서 병 고침의 역사는 전혀 없다고 말해야 하나?

- 우리가 기도할 때 응답의 역사로 병 고침이 일어날 수 있지요.

- 그렇지. 지체 중 아무도 신유의 은사가 없다고 해도 사랑하는 마음으로 합심하여 기도하고 성령이 역사하여 치유를 행하시는 역사는 얼마든지 있지? 바로 그 성령의 역사를 의미하는 거야. 내 경우는 신유 은사를 반납하는 바람에 개인적으로 안수하여 병 고치는 사역은 거의 없었는데, 병을 고치시는 하나님에 대한 믿음과

형제를 사랑하는 마음으로 부르짖는 기도에 응답하시는 하나님을 믿고 사랑의 중보기도를 많이 하게 되었어. 그리고 기도 가운데서 성령이 역사하면서 병을 고쳐 응답하시는 경험을 많이 하게 되었으며, 또 하나는 설교 중에 병 고침의 역사를 많이 보았어. 나도 모르는데 설교 중에 성령님이 임하시고 역사하여 병을 고쳐주시는 역사가 많았어. 이런 경우가 성령의 역사(개역개정판에는 '사역'이라고 번역된)에 해당하는 것이지.

― 아, 이러한 삼중적인 성령의 나타남을 모른 채 은사 하나로만 이해하려 하니 어려운 것들이 많았던 것 같네요. 이제 나머지 은사 이야기를 이해하는 데 큰 도움이 될 것 같습니다. 다음 구절로 가지요.

다양한 은사들

> **고전 12:8-11** 어떤 사람에게는 성령으로 말미암아 지혜의 말씀을, 어떤 사람에게는 같은 성령을 따라 지식의 말씀을, 다른 사람에게는 같은 성령으로 믿음을, 어떤 사람에게는 한 성령으로 병 고치는 은사를, 어떤 사람에게는 능력 행함을, 어떤 사람에게는 예언함을, 어떤 사람에게는 영들 분별함을, 다른 사람에게는 각종 방언 말함을, 어떤 사람에게는 방언들 통역함을 주시나니 이 모든 일은 같은 한 성령이 행하사 그의 뜻대로 각 사람에게 나누어 주시는 것이니라

- 여기에는 아홉 가지 은사의 이름이 언급되는데요 하나씩 설명해 주시면 좋겠습니다. 제일 먼저 나오는 게 '지혜의 말씀'인데요.

지혜의 말씀의 은사

- 여기 단순한 '지혜'라고 하지 아니하고 '지혜의 말씀'이라 한 것을 보면 성령께서 지혜의 말씀을 내려주시는 것을 의미하는 것 같은데 지혜의 말씀이 언제 필요할 것 같은가?
- 지혜의 말씀이라 하니, 저는 솔로몬의 재판 이야기가 생각나는데요. 두 여자가 한 아이를 두고 서로 자기 아이라고 주장하며 솔로몬 왕에게 재판해 주도록 상소할 때 참 난감한 상황에서 솔로몬이 갑자기 칼을 가져오라 하더니 아이를 공평하게 잘라서 두 여인에게 나누어 주라고 판결하자, 한 여인은 소스라치게 놀라며 아이를 죽이지 말고 차라리 저 여인에게 주라고 강청하는 모습을 보고 솔로몬은 최종적으로 그가 그 아이의 어미라고 판결하게 되는데, 그게 지혜의 말씀의 은사가 임한 것이 아니었을까?(왕상 3:16-28)
- 좋은 예가 될 것 같네. 거기 28절을 보면 그렇게 설명도 하지?

> **왕상 3:28** 온 이스라엘이 왕이 심리하여 판결함을 듣고 왕을 두려워하였으니 이는 <u>하나님의 지혜가 그의 속에 있어</u> 판결함을 봄이더라

5_ 선교와 사역의 능력을 주시는 성령님

하나님의 지혜가 솔로몬 속에 있었다, 인간의 지혜가 아니라 하나님의 지혜가 있었다는 말일세.

- 저는 예수님의 예가 생각나는데요?
- 어떤 예수님의 경우가 생각나는데?
- 사람들이 예수님을 잡으려고 질문하되 이스라엘 사람들이 가이사에게 즉 로마에 세금을 바치는 게 옳은 일인가 하고 시험하여 물었지요? 바치라 하면 매국노로 몰고, 바치지 말라고 하면 로마를 배신했다고 몰아 곤란하게 하려는 목적으로 질문 공세를 한 셈이지요? 그때 예수님은 당시 사용하던 동전을 가지고 가이사의 것은 가이사에게, 하나님의 것은 하나님에게 바치라고 하신 유명한 명답으로 피해 가셨는데, 그러한 지혜의 말씀이 아닐까요?(마 22:17-22)
- 그런 경우도 맞겠지? 또 이런 말씀도 있어.

> **마 10:18-20** 또 너희가 나로 말미암아 총독들과 임금들 앞에 끌려가리니 이는 그들과 이방인들에게 증거가 되게 하심이라 너희를 넘겨 줄 때에 어떻게 또는 무엇을 말할까 염려하지 말라 그때에 너희에게 할 말을 주시리니 말하는 이는 너희가 아니라 너희 속에서 말씀하시는 이 곧 너희 아버지의 성령이시니라

예수를 믿는다는 이유로 끌려가 재판받거나 할 때 할 말을 주시는데 성령께서 우리를 통하여 말씀하신다는 약속이지. 각 상황에서 가장 좋은 말을 할 수 있게 해주시는 은사라고 이해할 수 있을

거야.
- 위기 상황에서나 특별한 일을 만났을 때 꼭 필요한 은사겠네요?
- 꼭 위기 상황에서만 필요한 것은 아니지. 우리가 상담할 때 뭐라고 말해 주어야 할지 난감한 경우도 자주 만나고, 우리가 다 해답을 줄 수 없는데 성령께서 그 사람에게 적절한 말씀을 주시는 경우가 많지. 상담 사역에서는 아주 필요한 은사일 걸?
- 대략 무슨 은사인지 감이 잡힙니다. 그다음 '지식의 말씀'의 은사는 어떤 것일까요?

지식의 말씀의 은사

- '지식'이 무엇인가? 아는 일이지? 그런데 알아서 말하게 하는 은사이니까 우리가 학습을 통하여 습득한 지식을 의미하는 것은 아닐 것이고 학습하지 않은 일, 모르는 일, 알 수 없는 일인데 성령께서 알려 주시는 지식을 의미할 것일세.
- 엘리사 선지자가 생각나는데요? 그의 사환 게하시가 엘리사가 시키지 않았는데 시킨 것처럼 나아만 장군에게서 은 두 달란트와 옷을 받아다 자기 집에 숨기고 엘리사 선지자에게 오자 게하시의 행위를 다 알고 책망하던 이야기 말입니다(왕하 5:22-27). 누가 보고해 주지도 않았는데 엘리사 선지자가 어떻게 알지요? 성령께서 알려주신 것이겠지요?
- 저는 사도행전의 아나니아와 삽비라 사건이 생각나는데요?

- 무슨 이야기였지?
- 예루살렘 초대교회에 은혜 받은 사람들이 가난한 자와 나누기 위하여 재산과 소유를 팔아다가 사도들 앞에 내어놓는 일이 있었지요. 그때 아나니아와 삽비라 부부도 그 일에 동참하기로 하였는데, 전 재산을 다 바치기로 했다가 막상 팔고 돈을 쥐고 보니 아까워서 일부는 감추고 일부만 갖다 바치면서 말하기를 전 재산을 팔아 왔다고 거짓을 말하게 되었지 않아요?
- 그랬지.
- 그때 베드로 사도는 그것을 다 알고는 사람을 속인 것이 아니고 하나님을 속인 것이라 하며 책망하였지요(행 5:14). 이런 경우가 '지식의 말씀'의 은사에 해당되는 것인가 보네요?
- 아니, 엘리사의 경우나 베드로의 경우는 사람의 거짓된 마음을 꿰뚫어 본 것인데, 이런 것은 투시의 은사라고 하지 않나요? 예전에 우리 고향 교회에서도 한 권사님이 그렇게 사람의 속에 있는 죄를 알아내서 투시의 은사를 받았다고 말하던데요?
- 투시 은사라고도 할 수 있겠지. 그러나 투시 은사라는 말은 성경에 나와 있지 않으므로 '지식의 말씀의 은사'에 속한다고 보아야겠지? 하여튼 내가 이해하는 대로는 이 지식의 말씀의 은사라는 것은 성령께서 알게 하여 아는 모든 지식을 포함한다고 봐.
- 존 윔버의《능력 전도》라는 책을 읽었는데, 거기 보니 윔버 목사님이 비행기를 타고 가다가 옆 좌석에 있는 사람에게 전도를 했다고 하더라고요. 그런데 그 사람이 교만하여 자신이 죄인이라는 사실

을 전혀 인정하지 않고 예수님의 대속의 은혜도 인정하지 않더라는 것이에요. 그런데 그때 성령께서 알게 하셔서 그에게 몇 년 몇 월 며칠 몇 시쯤 특정 장소를 대면서 "거기서 선생님, 무엇하고 계셨나요?"라고 묻자 그 사람이 겸손하게 되면서 복음을 끝까지 듣고 회개하고 결신하게 되었다는 이야기가 나오더군요. 그때 거기서 그는 죄 된 행위를 하고 있었다네요.

- 그래. 성령께서 그를 회개시키고 구원받게 하시려고 전도자에게 알려 주신 것이겠지?

- 아하, 저는 하롤드 힐이 지은 《왕의 자녀답게 살아가려면》이라는 책을 읽은 기억이 나는데요, 저자는 평신도였고 과학자였는데, 미국 나사에서 과학자들이 만든 무슨 거대한 프로젝트의 기계에 고장이 나서 아무도 고장 원인을 알아내지 못했대요. 제작에 참여한 누구도 못 찾아내자 참여하지 않은 과학자들, 엔지니어들까지 초청하여 고장 원인 진단을 의뢰할 때 힐도 초대되었는데, 그가 가기 전에 하나님께 물어보았더니 어디 어떤 부분에 고장이 있다는 것을 성령으로 알려주어서 가서 해결한 일이 있었다는 간증이 나오더라고요. 그것도 지식의 말씀의 은사가 임한 것이라 볼 수 있을 것 같은데요?

- 그렇지, 어느 분야이건 습득하지 않고 학습되지 않았는데 알게 하시는 성령의 은사를 말하는 것이니까…. 참 예전에 우리나라에 복음이 전해질 때 초기에는 무학자도 우리나라에 많았거든. 그런데 할머니 한 분이 너무나도 성경을 읽고 싶어서 하나님께 매달려 기도

하게 되었는데, 문맹이었던 할머니가 갑자기 성경을 읽기 시작했대.
- 아, 그 이야기 제가 지난번에 했지 않나요?
- 그랬었지? 다른 책은 못 읽었지만 오직 성경을 그분이 읽은 것은 성령이 알게 하시는 은사의 일종이 아닐까?
- 네, 학습하지 않은 것을 성령께서 알게 하시는 것을 '지식의 말씀의 은사'라고 이해가 되네요. 그다음엔 '믿음'의 은사가 언급되는데요? 믿음도 은사인가요?

믿음의 은사

- 사실 솔직한 고백을 하자면 하나님을 믿는 모든 믿음이 성령의 은혜였다고 고백하게 되지. 내가 어떻게 예수님을 믿게 되었을까? 이미 거듭나게 하시는 성령님 항목에서 언급한 바가 있다시피 우리가 구원받는 믿음을 갖게 된 것 자체가 성령의 은혜이지. 하지만 여기서 사역을 위해 주시는 능력으로서의 믿음의 은사는 또 다른 능력으로서의 믿음인 것 같아.
- 홍해 앞에 섰던 모세의 믿음 같은 것일까요?
- 모세의 믿음? 그러한 믿음일 수 있겠지.
- 이스라엘이 출애굽할 때 앞에는 홍해가 가로막고 있었고 뒤에서는 애굽 바로 왕과 그 군대가 추격해 오고 있어 진퇴양난의 위기에 모세가 그렇게 선포하더라고요.

출 14:13-14 모세가 백성에게 이르되 너희는 두려워하지 말고 가만히 서서 여호와께서 오늘 너희를 위하여 행하시는 구원을 보라 너희가 오늘 본 애굽 사람을 영원히 다시 보지 아니하리라 여호와께서 너희를 위하여 싸우시리니 너희는 가만히 있을지니라

이런 믿음이 어떻게 가능할까요? 성령께서 주시는 믿음이 아니었을까요?
- 맞을 거야.
- 다윗의 믿음도 마찬가지이겠지요? 다윗이 블레셋 대장 골리앗과 맞설 때 도저히 믿기지 않는 믿음을 보여주거든요.

삼상 17:45 다윗이 블레셋 사람에게 이르되 너는 칼과 창과 단창으로 내게 나아오거니와 나는 만군의 여호와의 이름 곧 네가 모욕하는 이스라엘 군대의 하나님의 이름으로 네게 나아가노라

- 그래, 이때 성령께서 다윗에게 믿음의 은사로 임한 것 같지?
- 저는 사도행전에서 베드로의 사역에 믿음의 은사가 있었던 것으로 이해되는데요?
- 어디서, 어떤 사역에?
- 기도하러 성전에 가다가 성전 미문이라는 문 앞에서 구걸하던, 나면서부터 못 걷게 된 자를 만났을 때요.

행 3:6 베드로가 이르되 은과 금은 내게 없거니와 내게 있는 이것을 네게 주노니 나사렛 예수 그리스도의 이름으로 일어나 걸으라 하고

이렇게 선포했지요. 베드로가 성령이 주시는 믿음이 아니고서야 어떻게 그렇게 선포할 수 있겠어요?

- 그것은 신유의 은사가 아닌가요?
- 신유의 은사라고 볼 수도 있지만 기도했다거나 안수했다거나 한 일도 없고 믿음으로 선포한 것으로 볼 수도 있지.

  내가 경험적으로 이해한 것을 나누자면 이런 믿음도 있지. 내가 신학교 3학년 때 천하 만민 구원과 모든 민족 선교를 하나님의 마음으로 깨닫고 세계적으로 사역을 준비하기 위하여 미국 유학을 보내 달라고 기도하였더니 믿음이 생기더라고. 그래서 나는 선포하고 다녔지. "나는 미국에 유학을 갈 것이다. 내가 미국 유학 다녀와서 다시 간증하겠다." 그런데 그 후 8년이 지난 뒤에 미국 유학을 가더라고. 사실 내 형편으로는 미국 유학은 불가능한 꿈이었지. 그러나 성령께서 믿음을 주셔서 준비하게 하시고 가게 하시더라고.

- 그것도 믿음의 은사에 해당되는군요? 사실 은사로 성령이 주시는 믿음이 아니라면 그게 꿈이나 꿀 수 있었겠어요?
- 또 한번은 베드로의 나면서 못 걷게 된 자를 보고 선포한 것 비슷한 역사를 경험했는데, 서울에서 목회하는 한 그룹의 목사들이 2박 3일 일정으로 영성 훈련을 시켜 달라고 우리 훈련원에 들어온

적이 있었지.

- 2박 3일이면 짧은 기간이었겠는데요?
- 길지 못했지. 그때 37명인가 들어왔는데 그중에 몸이 아픈 사람, 병든 사람이 많았었는데 말씀 듣는 중에 고침 받은 사람이 여럿 나왔고, 또 사랑의 중보기도를 하고 고침 받은 사람도 많아 간증하고 싶다고 공개 간증들을 하곤 했지. 그런데 그중에 한 목사님이 이런 간증을 하더라고. "나는 8년 전 축구하다가 무릎을 다쳐 수술했는데 뻗정다리로 산다. 무릎을 꿇지 못한다. 그래서 요즘은 무릎 꿇고 기도하는 사람들이 부럽다. 그런데 여기 와서 많은 목사님들이 병 고침 받은 간증을 하는 것을 보고 내 뻗정다리도 기도하면 언젠가는 고침 받고 무릎 꿇고 기도할 날이 올 수 있겠다 하는 믿음이 생겨서 기도하려고 한다." 그렇게 간증하더라고.
- 뻗정다리 고침 받은 간증이 아니고 고침 받을 수도 있겠다는 믿음이 생겼다는 간증이었다고요?
- 응, 그랬어. 그런데 다음 날, 마지막 날 아침에 오전 강의를 하려고 강의실로 들어갔더니 아무도 아직 안 들어와 있는데, 한 사람 바로 그 목사님만 일찍 들어와 앉아 있더라고. 내가 그의 뒤통수를 보면서 강의실로 들어가는데 내게 믿음이 오더라고. 그래서 그에게 가까이 다가가 아침 인사를 나누고 그에게 말했어요. "목사님, 어제 간증하시기를 언젠가는 기도하다 보면 뻗정다리도 고침 받을 것이라는 믿음이 왔다고 간증했지요? 목사님, 오늘이 그 날입니다."

- 그날 뻗정다리가 고침 받고 무릎 꿇어 기도할 수 있게 된다고 선포하셨다는 말씀인가요? 선포만 하면 되는 것인가요? 아니면 어떻게 그게 '오늘'임을 알게 되셨나요?
- 성령께서 내게 믿음의 은사로 임한 것이지.
- 그래서 어찌 되었는데요?
- 그래서 목사님들이 다 들어오자 내가 강의하러 나가서 "오늘 ○○ 목사님 무릎 꿇는 날입니다. ○○ 목사님의 치유를 위해서 합심하고 기도합시다." 그렇게 말하고 그를 공동 안수하며 간절히 기도하였지. 기도가 끝나자….
- 기도가 끝나자 무릎을 꿇던가요?
- 아니, 전혀…. 앞 의자에서 일어나 자기 의자로 옮겨 앉고 끝났어.
- 에이, 그게 뭐예요? 오늘 무릎 꿇는 날이라면서요?
- 그렇다고 무릎 꿇지 않는 그를 억지로 무릎 꿇게 할 수는 없지 않은가?
- 베드로가 손을 잡고 일으킨 것처럼 몸을 잡고 꿇렸어야지요?
- 글쎄, 나는 그렇게 억지로 할 수는 없었어. 그래서 강의가 끝나고 마지막으로 찬양 예배로 파송 예배를 하고 마치는데, 찬양 인도자의 인도에 따라 다 일어서서 찬양하고 있었지. 한참 찬양하고 있었는데 그 덩치도 큰 그 목사님이 서서 찬양하다가 갑자기 푹 꺼지듯 주저앉는데 무릎 꿇고 앉은 것이야. 그러더니 눈물 콧물 흘리며 찬양을 이어갔어.
- 드디어 무릎을 꿇었군요?

- 그래 말이야. 찬양 예배가 끝나자 그 목사가 앞으로 나와 마이크를 잡고 간증하고 싶다고 하여 우리는 다시 다 앉았지. "여러분, 오늘 아침에 원장님께서 '오늘이 무릎 꿇는 날입니다.'라고 선포하실 때 저는 속으로 '그러면 좋지만 그게 당장 된다고?' 그러면서 안 믿어졌습니다. 여러분이 합심하여 기도해 주었는데도 아무 변화도 일어나지 않고 저는 그냥 들어가 강의를 들었고, 지금까지 아무런 변화를 경험하지 못했는데, 지금 서서 찬양하고 있을 때 주님의 음성이 들려왔습니다. '이놈아, 내가 네 무릎 다 고쳤는데, 너는 왜 무릎을 꿇어보지도 않느냐?' 그런 음성이 들려서 그냥 무릎을 꿇어버렸습니다. 그런데 이렇게 무릎 꿇은 게 너무 좋고 감사해서 일어나지 않고 저는 무릎 꿇고 찬양하였습니다."
- 우와, 21세기에도 이런 일이 일어나네요?
- 왜, 21세기에는 하나님이 돌아가셨나?
- 하여튼 먼 나라, 또는 먼 시절의 이야기 같아서요.
- 이게 우리가 왜 이렇게 되었지? 믿음의 은사를 받아야겠어!
- 믿음의 은사를 받아야 인간의 가능성을 뛰어넘는 큰 일을 할 수 있을 것 같네요. 그다음은 병 고치는 은사가 언급되는데요?

병 고치는 은사

- 병 고치는 은사는 설명을 안 해도 다 알 수 있지?
- 네, 이해는 되는데 그 은사가 없으니 문제지요.

- 기도하고 성령의 은혜와 은사를 구하여 신유의 은사도 사용할 수 있으면 교회 부흥과 전도에 매우 유익한 능력이야.
- 예수님이 제자들에게 전도 훈련할 때 병 고치는 능력도 주셨던 것 같아요.

> **마 10:1** 예수께서 그의 열두 제자를 부르사 더러운 귀신을 쫓아내며 모든 병과 모든 약한 것을 고치는 권능을 주시니라

이 고치는 권능이 병 고치는 은사에 해당되지 않을까요?
- 맞지.
- 사도행전을 보면 초대교회에서는 사도들이나 심지어 집사들도 병을 고치면서 전도하는 기록이 많이 나오지요? 다 병 고치는 은사를 주신 것이겠어요?
- 그래. 내가 치유 영성이라는 주제로 다시 한번 다루려고 하는데, 그때는 신유의 은사를 받지 않은 경우에라도 치유 사역을 하는 원리와 방법을 나누려고는 해. 그런데 신유의 은사를 받으면 훨씬 좋지. 신유의 은사를 구하고 받아서 행사하여 전도와 사역에 능력이 나타나게들 하게나.
- 신유의 은사는 더 설명 안 하시게요?
- 설명할 것 없지 않나? 그냥 다 아는 거 아니야? 다만 은사를 받아서 행사하고 사역하도록 기도하라고.
- 네. 병 고치는 은사가 무엇인지 몰라서 못하는 사람은 없지요. 못

받아서 문제지. 기도하기로 하고요. 그다음은 능력 행하는 은사인데요?

능력 행하는 은사

- 능력 행하는 은사가 무엇인지 딱 잘라 설명하기 어려워. 내가 이해하는 대로는 병 고치는 능력도 능력이지만 그 외에도 인간의 능력이 아닌 하나님의 능력으로 하는 모든 능력을 의미한다고 보아야겠지?
- 예수님의 경우 물 위를 걸었던 그런 능력을 말하는 것일까요?
- 오병이어의 기적을 행하신 것이나 물로 포도주가 되게 하신 것이나 그런 능력을 말하는 것이겠지요?
- 그럴 거야. 그런데 사도행전에서도 병 고치는 능력 외의 다른 능력이 행사된 기록이 거의 없어 보여서 실례를 모르겠어. 하여튼 필요하다면 어떤 기적도 행하는 성령의 능력을 주신다는 것이겠지.
- 자주 나타난 실례는 없는 모양이네요? 그렇다 치고 그다음은 예언의 은사인데요? 예언의 은사는 어떤 것이지요?

예언의 은사

- 우리말 '예언'이라는 한자어에는 두 종류가 있는데 '미리 예' 자를 쓰는 예언(豫言/Prediction)은 미래의 일을 미리 알고 말하는 것을

뜻하고, '맡길 예' 자를 쓰는 예언(預言/Prophecy)은 신탁의 말씀, 하나님이 맡겨서 하는 말씀을 뜻하는데, 예언의 은사란 물론 미래의 일을 미리 말하는 예언도 포함되기는 하지만 '미리 예' 자가 아니고 '맡길 예' 자를 쓰는 예언이야. 그래서 미래사를 예언하는 것만이 예언인 줄로 잘못 알면 안 되지.

- 예언의 확실한 예로는 구약의 선지자들의 활동에서 보이는 그러한 예언이겠네요? 여호와의 말씀이 임하여 선포하는 메시지가 예언이었죠?

- 맞지. 그러한 성격의 예언이지.

- 그런데 신약에서는 그러한 예언자의 활동은 많지 않은 것 같아요. 사도행전에도 예언도 하고 방언도 했다는 기록은 자주 나오지만 실제로 예언한 내용의 예가 한 번 기록되는 정도이거든요. 사도행전 11장 28절에 아가보라는 사람이 큰 흉년이 들 것이라고 예언했는데, 글라우디오 때에 흉년이 들었다는 기록뿐이거든요.

- 구약시대에는 하나님께서 선지자의 예언을 통하여 말씀하시던 시대인 데 비하여 오늘 교회 시대는 성경을 주시고 성령의 감동하심으로 성경을 통하여 영감으로 말씀하시는 시대이기에, 구약시대처럼 예언자의 활동이 많은 시대는 아니라고 보아야 하겠지. 예언의 내용은 기록되어 있지만 예언의 은사가 사용된 것은 틀림없는 것 같고 바울 사도도 예언을 사모하라고 권면하고 있거든 (고전 14:1).

- 그다음은 영 분별의 은사인데요? 이것은 무슨 은사인가요?

영 분별의 은사

- 내가 이해하는 대로는 이러한 성령의 은사들이 행사될 때 이것들이 진정 성령께로부터 오는 것인지, 아니면 다른 영 또는 마귀에게서 오는 것인지, 아니면 사람이 지어낸 것인지 등을 분별하는 능력을 의미하는 것 같아. 초대교회에서 은사들이 일상적으로 사용되었기에 예언이나 방언하고 통역할 때는 여러 사람에게 미치는 영향이 막대하므로 사이비, 가짜, 사탄의 시험도 많았으리라고 생각되지. 그때 공동체가 건강하고 바르게 서기 위하여 하나님께서는 영을 분별할 수 있는 은사도 몇 사람에게는 주셔서 분별하게 해야 할 필요가 있었던 것 같아.
- 이 예언이 진짜 성령께서 주시는 예언인지, 마귀가 주는 시험인지를 분별할 수 있는 능력을 주신 모양이네요?
- 그렇지. 사실 예언이라고 말할 때나 방언과 통역이 이루어질 때 그 말들이 오는 소스는 세 종류가 될 것 같아. 첫째는 성령에게 오는 것이고, 둘째는 마귀의 시험으로 오는 것이고, 셋째는 예언하는 자나 통역하는 자의 잠재의식 속에서 나오는 것일 수도 있지. 그러므로 예언을 하는 자나 통역을 하는 자도 늘 성령 충만하고 성경의 진리를 알고자 힘써 성경적 원리에서 벗어나는지도 분별할 수 있어야 하고 조심해야 해.
- 그다음에는 방언의 은사네요? 방언의 은사는 무엇이라 설명하나요?

방언의 은사

- 방언의 은사는 한마디로 배우지 않은 언어를 성령의 은혜의 역사로 말하는 것인데, 논란이 좀 있는 게 사실이야. 내가 성경에서 관찰한 대로는 방언이 세 가지 종류로 쓰였음을 보았어.
- 세 가지나요?
- 응, 첫째는 대인 방언이라고 하는데, 사람을 향해서 사람이 사용하는 언어로 하는 방언이야. 말하자면 영어를 하나도 배운 적 없는데 성령의 말하게 하심으로 영어로 말하여 영어를 쓰는 사람들에게 전도하는 것이야.
- 아, 그게 사도행전에 오순절 날에 성령이 임하자 제자들이 방언으로 말하였는데, 각 나라에서 온 사람들이 자기들 언어로 말하는 것을 듣는다고 놀랐던 그 방언이군요?(행 2:11)
- 그렇지. 한번은 어느 잡지에서 읽었는데, 공산주의 시절 소련을 방문한 미국인이 저들 영혼이 너무 불쌍한 마음이 들어 전도하고 싶은데 러시아어를 몰라 답답해하더니 순간 성령이 임하여 그의 입에서 러시아어가 나오기 시작했고 전도할 수 있었다는 간증을 예전에 본 것 같아.
- 두 번째는요?
- 두 번째는 역시 사람에게 하는 방언이지만 사람들이 알아들을 수 없는 언어 또는 소리로 하는 방언이지.
- 알아듣지 못하는 언어나 소리를 왜 사람에게 해요?

- 그래서 통역의 은사가 있는 사람이 통역하여 온 회중이 듣게 되는 것이었지. 초대교회 예배에서는 이 방언도 있고 통역도 있었던 것 같아(고전 14:26). 그래서 통역이 없는 경우에는 회중에게는 잠잠하고 개인적으로만 하나님께 하라고 했지(고전 14:28).
- 세 번째는요?
- 우리가 가장 많이 받아 사용하는 방언으로 꼭 지상의 언어는 아니야. 그냥 소리이지만 하나님께 말하는 기도의 영적 언어로서의 방언이지. 그래서 이 방언은 개인적으로 유익한 은사, 개인의 덕을 세우는, 개인의 신앙을 키우고 개인의 영감을 키우는 그런 기도의 은사로서의 방언이란 말이지.
- 그럼 우리가 요즘 방언 받았다고 하는 방언은 이 기도의 은사로서의 방언을 보편적으로 의미하는 것이겠군요?
- 그렇지.
- 고린도전서 14장에는 다른 은사에 비하여 방언의 은사에 대한 언급이 좀 길게 나오는 편인데, 방언은 믿는 자를 위하는 것이 아니요, 믿지 않는 자들을 위한 표적이라고 말하거든요? 그것은 무슨 뜻일까요?

> **고전 14:22** 그러므로 방언은 믿는 자들을 위하지 아니하고 믿지 아니하는 자들을 위하는 표적이나 예언은 믿지 아니하는 자들을 위하지 않고 믿는 자들을 위함이니라

- 방언이 믿음을 주는 표적이라는 뜻이지. 여기 믿지 아니하는 자들이라고 하기보다 믿지 못하는 자들이라고 해석함이 맞을 거야. 안 믿어지는 사람, 못 믿어 하는 사람들에게 방언이 임하면 성령이 자기에게 오신 임재의 표적으로 믿지 않을 수 없게 하는 표적이며 실제로 신앙이 오락가락하던 사람도 방언을 받으면 믿음이 뜨거워지는 것을 볼 수 있거든.
- 다른 은사들은 교회 공동체를 세우고 사역을 위한 은사인데, 그러면 방언의 은사는 개인을 세우고 키우는 은사이군요?
- 대단히 예리한 질문인데, 방언은 그래서 이중적이야. 통역을 대동하면 공동체를 권면하거나 책망하거나 공동체를 세우고 키우는 은사가 되고, 같은 방언이 개인적으로 사용되면 기도의 은사로 개인의 신앙을 세우고 키우며 영감을 더해 주는 하나님과 긴밀해지고 영적 능력이 커지는 은사가 되지. 그래서 궁극적으로는 교회 공동체에 유익이 되겠지?
- 그럼 통역의 은사는 방언이 진행될 때 그 의미를 알게 되는 은사인 모양이네요?

통역의 은사

- 그렇지. 통역은 방언을 통역하는 은사이지.
- 방언하고 통역하면 일종의 예언과 같은 성격일 것 같은데요. 언어 대 언어의 통역일까요? 아니면 영 대 영 통역으로 그 내용을 알아

전하는 것일까요?
- 그거 흥미로운 질문인데, 어떤 것 같나?
- 글쎄요. 자세한 설명이 성경에는 없거든요?
- 내가 경험하고 또 경험자들의 이야기를 종합하면 '영 대 영' 통역이라는 것이야. 누가 영어로 말하면 통역인이 그 영어를 한국어로 통역하는 것과 같은 언어 대 언어의 통역이 아니고 방언이 말해질 때 그 영으로 내용을 알아듣는 것이지. 왜냐하면 방언하는 그 소리가 우리가 쓰는 언어가 아니기 때문이지.
- 전체적으로 보면 고린도전서 12장에서 14장이 은사를 다루는 글인 것 같은데, 사실 은사가 어떤 것인가, 은사 자체에 대한 설명은 별로 없고 다른 이야기가 많은 것 같은 느낌인데 왜 그렇지요?

은사 사용의 원리

- 그렇지? 이런 은사들이 있다, 정도로 은사의 명단을 언급하고는 12장 12절부터 14장 40절까지는 사실 은사 사용의 원리를 가르치고 있기 때문이야. 왜 그랬을까?
- 에, 그거야, 그 당시 초대교회 사람들, 특정적으로는 고린도 교회 신자들은 이런 은사를 대부분 다 받아서 사용하고 있으니까 이런 은사들을 다 설명할 필요가 없겠지요? 고린도전서 배경에 보면, 고린도 교회가 좀 분열상도 있고 혼란스럽고 은사로 말미암은 혼란이 있었기 때문에 오히려 은사를 잘 사용하도록 하게 하기 위하여

은사 자체보다 은사 사용의 원리를 더 많이 가르치고 있다고 보아야겠지요?

- 원더풀, 어떻게 거기까지 이해하게 되지? 좋아. 사실 고린도전서 12-14장은 은사를 다루는 장이긴 한데, 은사가 무엇이냐를 다루기보다는 은사를 어떻게 사용해야 하는가 하는 관점에서 쓰고 있다고 봐야 해. 사실 우리 한국교회에서도 은사에 대한 찬반 논란이 있었고 은사를 적극적으로 강조하는 교회가 있었는가 하면 은사를 부정적으로 가르치는 교회, 또는 은사를 금지하는 교회도 있었거든. 왜냐하면 은사가 굉장한 것인데 한편 은사로 말미암아 사고가 나기 때문이었지.
- 사고라니요? 무슨 사고요?
- 예를 들면 방언하는 신자와 방언 못하는 신자가 그룹으로 갈라지고 서로를 비판하는 그런 분위기가 되어 교회 분열의 아픔도 경험하는 경우가 있고, 예언이 선포되는 가운데 그걸 믿는 사람과 그 예언을 부정하는 사람으로 갈라지고 혼란스러워지는 일들이 있었던 거지. 또 어떤 경우는 신유의 은사가 행사될 때 병 고침 받는 일은 좋은데, 그 은사 받은 자가 그 은사를 개인적인 욕심으로 사용하여 안수 받으려면 돈 봉투를 가지고 오게 하여 부를 취하는 것과 같이 부덕이 되는 경우도 있었던 거야.
- 아하, 그래서 은사에 대한 부정적인 반응이 나온 것이군요?
- 그랬지. 그러면 이렇게 은사로 말미암아 부정적인 일이 자주 발생하면 어떻게 다루면 좋겠는가?

- 목사로서 골치 아프니까 교회적으로 아예 은사를 금지해 버리면 제일 쉽겠지요?
- 자네는 앞으로 목회할 때 그럴 셈인가?
- 네? 제가 목회할 때 그렇게 해요? 아니지요. 그렇게 반응한 분들이 있었을 것 같아서 해 본 소리지요.
- 그러겠지? 우리가 은사의 성격에 대하여 좀 너그러이 이해할 필요가 있는 것 같아. 우선 이러한 은사들은 능력이라는 점이야. 능력은 그 자체가 인격적이거나 도덕적이거나 하지 않아. 능력은 능력으로서 가치가 있는 것이지. 예를 든다면, 우리가 걸어 다니는 것에 비해 자동차가 있으면 훨씬 빠르게 이동하는 능력이 되는 것이지. 좋은 자동차 탄다고 인격이 갑자기 고매해지는 것도 아니잖아? 그리고 자동차를 타고 다니다 보면 안 탈 때에 비하여 사고 낼 확률이 많아. 사고 난다고 자동차 다 폐기할 수 있나? 그것은 가능하지도 않고 그렇게 시도한다면 그것은 어리석은 일이 아닌가?
- 그렇지요, 자동차 사고 난다고 다 안 타고 다니자는 이야기는 말이 안 되지요. 비행기 사고 난다고 비행기 없애자는 것도 말이 안 되고요. 운전 기술을 훈련하고 교통 법규를 숙지하게 해서 사고를 줄이며 사용해야 하겠지요.
- 맞아, 그것이 바로 바울 사도가 취한 방식이야. 분명 초대교회도 특히 고린도 교회가 은사로 말미암은 혼란과 분열상이 있었어. 하지만 바울 사도는 "은사를 없애라, 은사 사용을 금지하라" 하지

않고 은사 사용의 원리를 가르쳐서 교회 성장과 선교의 극대화를 위하여 주신 은사들을 적극적으로, 그리고 바르게 사용하기를 의도한 것이야. 자, 그러면 이제부터 바울 사도를 따라 은사 사용의 원리를 배워 보기로 하자고.

몸의 원리(고전 12:12-31)

- 우리가 다른 지체들이지만 그리스도의 한 몸을 이루는 공동체, 코이노니아 공동체임을 매우 강조하고 있는데요?
- 그렇지. 바울 사도는 여기서 사실은 은사 사용의 원리를 가르쳐 주고 있는 것인데, 은사 사용의 제1원리는 '몸의 원리'라는 점이야.
- 그게 무슨 뜻인가요?
- 내가 한 구절 한 구절 풀기보다는 전체적으로 이해한 대로 이야기해 볼게.

  먼저는, **은사는 개인을 위하여 주는 능력이 아니라 몸이라는 공동체를 위하여 주는 것**이야. 그러므로 그 적용에 있어서 은사를 사용할 때는 몸 된 공동체를 위하여 사용해야 하고 사적인 욕심으로 사용해서는 안 된다는 것이야. 동시에 몸 된 공동체에 유익이 되게 하고 몸 된 공동체를 해치지 않게, 덕스럽게, 균형 있게 사용해야 한다는 것이야. 사적인 유익을 위하여 사용하는 것이나 교만하여 공동체에 부담을 주는 식으로 사용되어서는 안 되는 것이지.

- 아, 그렇군요. 이런 원리로 사용하면 교회가 혼란스럽거나 분열의 부작용이 없을 텐데 고린도 교회가 그러지 못하여 부작용이 나고 있었고, 바울 사도는 그걸 교정해 주려고 가르치는 것이네요?
- 그렇지. 내가 자란 고향 후배 중 하나가 목사의 사모가 되었는데, 그 남편 목사는 그 사모로 인하여 자주 교회를 떠나야만 했던 기억이 있어.
- 왜요?
- 그 사모가 신유의 은사가 대단했어. 병든 자에게 손만 얹으면 거의 낫게 되는 그런 은사를 받아서 사용했지.
- 교회 부흥에 도움이 컸겠는데요?
- 처음에는 그랬지. 그러다가 얼마 못 가서 좀 교만해지고 또 욕심이 생겼던 모양이야.
- 어떻게 변질이 있었나요?
- 안수 받으러 오는 사람에게 감사헌금을 가져오라고 했어. 아예 안수 받으러 올 때 봉투를 가지고 오도록 했단 말이야.
- 안수 받고 고침 받고 감사헌금을 하도록 지도하는 게 아니고 미리 가져오라 한 모양이네요?
- 만일 그렇다 해도 아직까지는 문제 될 것 없는 것 같은데요? 고침 받을 것을 믿는 마음으로 감사헌금을 준비하여 가지고 오도록 했다고 보면 큰 잘못은 아닌 것 같은데요?
- 글쎄, 그럴까? 그런데 문제는 그렇게 가져온 봉투가 감사헌금으로 교회에 바쳐지는 것이 아니라 사모가 그냥 쓰는 것이었어.

- 아, 그건 타락이네요.
- 그렇지? 공동체를 위하여 복음 전도를 위하여 주신 은사를 개인의 욕망을 위하여 쓰게 될 때 문제가 된 것이지. 그래서 3, 4년 지나다 보면 그게 논란거리가 되고 성도들의 신뢰를 잃어버리는 계기가 되어 그 교회를 떠나야 하는 경우가 되곤 하더라고.
- 선생님, 그런 경우 그렇게 잘못 사용하는 경우에는 그 은사를 하나님이 거두어 가지 않나요? 그리고 성령님이 주시는 능력인데, 어떻게 타락한 욕심을 위해 사용하게 놓아두시나요?
- 그러게 말이야. 그런데 하나님께서는 한 번 주신 은사를 쉽게 거두어 가시지는 않는 것 같아. 회개하고 깨닫고 바르게 사용하기를 원하시지, 즉시 반납하라 하시며 거두시지는 않는 모양이더라고.
- 그래서 계속 그렇게 사용하면서 재물을 위하고, 교회에서 쫓겨나고 또 반복해요?
- 하여튼 한동안 그러다가 그 사모가 60이 되기도 전에 암에 걸려 세상을 떠나더라고.
- 하나님이 참다가 더 두었다가는 더 많은 죄를 짓겠으니 데려가신 것인가?
- 그건 모르지. 하여튼 이런 경우는 공동체를 위해 주신 은사를 사적 욕심에 사용한 나쁜 예가 되는 것이지. 이제 13장으로 가볼까?
- 선생님, 잠깐만요, 13장으로 가기 전에 12장 마지막 부분을 보면 모두 다 은사를 받는 것은 아니라고 하거든요?

고전 12:29-30 다 사도이겠느냐 다 선지자이겠느냐 다 교사이겠느냐 다 능력을 행하는 자이겠느냐 다 병 고치는 은사를 가진 자이겠느냐 다 방언을 말하는 자이겠느냐 다 통역하는 자이겠느냐

은사를 강조하는 어떤 교회에서는 방언을 못하는 자는 성령 받지 못한 자라고 가르치는 경우도 있었다고 하던데요? 그러자 그걸 비판하는 목사님은 이 말씀을 들어서 직접적으로 "다 방언을 말하는 자이겠느냐? 못 하는 사람도 있다는 뜻이다." 그러면서 비판하더라고요. 어찌 이해해야 하나요?

- 응, 재미있는 질문이군. 사실이야. 그런 논쟁이 한국교회에 있었어. 나는 이렇게 이해해. "모든 신자는 다 방언을 받아야 한다. 방언을 못 받은 자는 성령을 못 받은 것이다." 그렇게 말했다면 그것은 진리가 아니겠지. 방언을 받지 못해도 성령은 방언에 한정되는 것이 아니기에 성령 받았으나 방언은 못하는 경우가 있을 수 있지. 아마도 모든 성도가 다 방언 받기를 바라는 마음이 간절하여 거기까지 간 것이 아닌가 싶어. 이해는 해보지만 진리로는 틀린 주장이지. 그러나 그 주장을 반박하는 논리로 사용한 "다 방언을 말하는 자이겠느냐?"를 근거로 한 것도 잘못 이해한 것이야. 여기 29, 30절의 말씀은 교회 공동체를 위하여 은사를 사용할 것을 말씀하면서 28절에 교회를 위하여 세운 직임(직분)으로서의 은사를 말하고 있는 거야.

고전 12:28 하나님이 교회 중에 몇을 세우셨으니 첫째는 사도요 둘째는 선지자요 셋째는 교사요 그다음은 능력을 행하는 자요 그다음은 병 고치는 은사와 서로 돕는 것과 다스리는 것과 각종 방언을 말하는 것이라

여기 보면 '교회 중에 몇을 세우셨으니'라고 말하지. 교회에 세운 직임으로서의 은사를 말하는 것으로 12장 앞부분에 세 가지 성령의 능력을 말했지. 성령의 은사와 성령의 은사를 특정적으로 강하게 하여 직임을 맡기는 일과 성령의 역사를 이야기하지 않았나? 그때 구분하여 말한 성령의 직임을 말하는 거야. 그러므로 여기서 '다 방언을 말하는 자이겠느냐?'라고 말할 때의 방언은 교회에서 통역을 두고 하게 되는 직임으로서의 방언을 말하는 것으로 누구나 다 그렇게 하도록 할 필요는 없는 것이지. 그러나 기도의 은사로서의 방언의 은사는 누구라도 받을 수는 있는 것이지.

- 아, 그래서 은사와 직임과 역사를 이해하는 것이 중요하다고 선생님께서 미리 말씀하셨군요?
- 그래. 이제 13장으로 가보자고.

사랑의 원리

- 보통 이 고린도전서 13장을 '사랑 장'이라고 부르는데, 저는 의아한 점이 있었어요.
- 뭐가 의아한데?

- 12장에서 은사를 다루고 있고, 14장도 은사를 다루고 있는데, 그 가운데 장인 13장은 왜 사랑을 다루고 있나, 하는 점이지요.
- 어떤 목사님은 그렇게 설교하던데요?
- 어떻게?
- "사랑이 없으면 방언도 예언도 지식의 은사도 믿음의 은사도 다 헛것"이라고 하고, "믿음 소망 사랑만이 영원하고 그중에 제일은 사랑이라" 하므로 모든 은사는 한시적인 것이요 사랑의 은사만이 영원한 은사이기에 사랑의 은사가 최고이고 사랑의 은사를 받으면 다른 은사는 받든 안 받든 별 일 아니다. 그렇게 설교하시더라고요?

게다가 12장 31절 마지막에 즉 사랑 이야기를 하기 전 절에 "너희는 더욱 큰 은사를 사모하라"고 하고 사랑 이야기로 들어가므로 사랑이 더 큰 은사라고 설교하지요.
- 그렇지? 나도 그렇게 설교했었으니까. 그러나 이 부분에 오해가 많다는 것을 나중에야 깨달았다네. 마지막 31절을 한번 보도록 하지.

고전 12:31 너희는 더욱 큰 은사를 사모하라 내가 또한 가장 좋은 길을 너희에게 보이리라

"더욱 큰 은사를 사모하라"가 마지막이 아니고 "가장 좋은 길을 너희에게 보이리라"가 마지막이지.

- 그 말은 사랑은 가장 좋은 길이라는 뜻인가요?
- 바로 맞추었어. 사랑은 은사 중의 하나가 아니라 은사를 사용하는 원리, 즉 은사가 가는 길이야. 사랑은 은사 중의 하나가 아니라 어떤 은사라도 사랑이라는 길로 가야 한다는 은사 사용의 커다란 원리라는 말이지. 은사는 사랑을 성취하는 데 사용되어야 해. 은사는 능력이고, 사랑은 능력을 사용해야 할 목적이고 가치란 말이야.
- 사랑은 은사를 대치하는 은사 중의 큰 은사가 아니라 모든 은사를 가치 있게 만드는 모든 은사가 가야 할 길, 모든 은사를 사용하는 원리란 말이지요?
- 그렇다니까. 은사를 능력이라고 비유할 때 걸어가는 것보다 자동차를 운전하면 훨씬 능력이라고 하여 자동차로 비유한 적이 있는데, 그 비유를 계속 사용해 보자고. 은사는 빨리 달리는 능력으로서의 자동차이고 사랑은 그 자동차가 달리는 길이야. 길을 벗어나면 자동차가 망가지거나 사고 날 수 있지. 그렇다고 길이 있다고 자동차가 없으면 걸어가야 하고 걸어가면 능력이 떨어지는 것이고. 그러니 자동차가 있으면 길이 있어야 하고, 길이 있으면 자동차가 있어 더욱 좋고, 은사가 있으면 사랑이 있어야 하고, 사랑 때문에 은사가 더욱 필요하고…. 그렇지? 만약 은사를 대치하여 사랑이라고 한다면 능력 없는 사랑이 되는 거야.
- 아, 그렇다면 이런 표현이 가능하겠군요? **"사랑 없는 능력은 무가치한 것이고, 능력 없는 사랑은 안타까운 사랑이다."**

- 어라? 다인이가 천재로군. 기가 막히게 이해하고 정리하네 그려. 다 이해된 것이지만 한 번 더 이렇게 생각해 보자. 우리 형제 중에 누가 병이 들어서 고통당하고 있다고 가정해 보자고. 병들어 고통 속에 있는 형제를 어떻게 사랑하나? '아이고, 불쌍해. 어쩌나?' 하고 탄식하면 사랑인가? 안타까운 사랑 아닌가? 그런데 우리가 병 고침의 은사를 받아 사용하게 된다면 고통받는 형제를 위하여 기도하고 고침 받게 하면 어떤가? 사랑은 은사를 대치하는 것이 아니야. 사랑하기 때문에 은사가 필요해.
- 아하, 이해가 됩니다. 그래서 우리는 사랑의 영이신 성령으로 충만하여 사랑의 열매가 가득해야 하고, 사랑을 보다 더 효과적으로 실현하기 위하여 능력으로서의 각양 은사를 받아 사용해야 하겠군요?
- 사랑 장이 끝나고 14장이 시작되는 말씀도 보자고.

> **고전 14:1** 사랑을 추구하며 신령한 것들을 사모하되 특별히 예언을 하려고 하라

사랑을 추구하라는 거야. 동시에 신령한 것들을 사모하라는 것이지. 여기서 신령한 것들은 은사를 두고 하는 말이지? 은사 중에서는 예언의 은사를 사모하라는 말씀인 셈이지.

13장 전체는 사랑의 여러 속성을 설명하면서 이러한 사랑으로 은사를 사용해야 하고 사랑을 성취하기 위하여 은사가 필요하다는

것이지.
- 그럼 사랑을 위하여 또는 사랑으로 은사를 사용한다는 것은 구체적으로 무엇을 의미하는지 예를 들어 말씀해 주실 수 있나요?
- 실화인데, 어느 교회에 기도 많이 하시는 권사님이 계셨어. 어느 날 기도하는데 그 교회 장로님이 세컨드를 두고 있다는 것을 성령께서 알게 하시는 것이에요.
- 장로님이 세컨드를 두고 있다고요? 그럴 수가 있나요?
- 그럴 수 없는 일이 있었던 것이지.
- 그래서요?
- 기도만 하면 그 사실이 보이는 것이야. 자, 이런 경우 이 권사님은 어떻게 해야 하겠나? 또는 어떻게 했을 것 같은가?
- 목사님께 보고했겠지요? 아니면 구역 식구들에게 나누고 함께 기도하자고 했을까요?
- 교회에 폭로할 수도 있지요. 장로가 되어 가지고 세컨드를 둘 수 있느냐며 폭로하지 않았을까요?
- 은사를 주시는 목적이 무엇이라고 했는데?
- 몸의 원리로 보면 몸 된 교회를 세우라고, 또 사랑의 원리로 보면 사랑을 위하여 은사를 주시는 것이지요?
- 그러면 이 권사님에게 장로님이 죄에 빠진 사실을 알려준 목적은 무엇일까?
- 장로님의 영혼을 죄로부터 건져 내려는 목적이겠지요?
- 어떻게 하는 것이 그 영혼을 건지는 것이 되고, 그 장로님을 사랑

하는 것이 되겠냐? 그의 죄를 떠벌리는 것이겠냐? 그가 죄에서 해방되기를 위하여 중보 기도를 하는 것이겠냐?

- 떠벌리면 장로님이 교회를 떠나야 하고 돌아올 기회를 얻지 못할 수가 있지요. 아하, 노아가 포도주에 취해 벌거벗고 누워 있을 때 함은 떠벌리고 셈과 야벳은 뒷걸음으로 실수한 부끄러운 모습을 보지 않고 덮어 주던 그림이 생각나네요. 그리고 사랑은 허다한 죄를 덮어준다는 말씀도 생각나고요.

> **벧전 4:8** 무엇보다도 뜨겁게 서로 사랑할지니 사랑은 허다한 죄를 덮느니라

- 일단 떠벌리면 안 될 것 같고 그럼 홀로 이 짐을 지고 가는 중보 기도자가 되어야 하는가 본데요?
- 맞아. **은사를 받았다는 것은 매우 엄중한 사랑의 짐을 지고 가는 것이야. 그렇게 사랑의 원리로 은사를 사용해야 하고 또 사랑하기 때문에 능력으로서의 은사가 필요하다고** 이해하는 것이지.
- 그러면 14장은 주로 예언과 방언에 대한 이야기가 많이 나오는데요?
- 그렇지? 특히 14장은 교회가 예배 때나 또는 회중이 모였을 때 회중을 향하여 선포하는 예언이나 방언하고 통역하는 일에 대하여 설명한다고 보아야겠지? 이를 가르치면서 바울 사도는 은사 사용

의 보조적인 원리들을 말하고 있어. 보조적 원리들은 무엇을 언급하는지 찾아들 보게.

화평과 질서의 원리

- 두 군데에 직접 언급이 있는데요?

    고전 14:33 하나님은 무질서의 하나님이 아니시요 오직 화평의 하나님이시니라

    고전 14:40 모든 것을 품위 있게 하고 질서 있게 하라

- 혼란과 무질서를 극복하고 분열과 경쟁을 극복하고 질서 있는, 그리고 궁극적으로 화평으로 하나 되는 방향으로 은사가 사용되어야 한다는 것이지.
- 이러한 원리에 따라 은사를 사용한다면 사고 날 일 없겠는데요?
- 그렇지? 우리는 은사를 받아야 해. 안 그러면 너무 무기력하지 않아? 땅 끝까지 이르는 선교의 능력으로 교회 부흥과 성장의 능력으로, 전도의 능력으로 사용하고 사랑의 공동체를 이루기 위하여 은사를 받고 적절히 사용할 수 있어야 할 것일세.
- 아멘. 사모하여 기도합시다.
- 내가 세계를 위하여 기도하는 일에 참고하려고 《세계기도정보》

(Operation World)라는 책을 보았지. 앞부분인 세계 교회 정보 부분에 나온 20세기 후반에 세계 교회의 성장에 관한 통계를 보다가 흥미로운 것을 발견한 적이 있는데, 소위 자유주의 교회는 계속 하락하고 복음주의 교회는 성장해 왔는데, 그중에 오순절 운동, 말하자면 은사를 적극적으로 사용하는 운동이지. 오순절 계통의 교회는 상승곡선을 그리는 데 비하여 일반 복음주의 교회조차도 평행선을 그리고 있고, 20세기 후반의 세계 교회 성장에는 오순절 운동의 영향이 절대적이라는 사실을 발견한 것이야.

- 은사를 받아 사용하는 교회들만 성장했다는 것인가요?
- 그렇다니까, 괜히 잘난 체하고 지성적 기독교만 추구하면 능력이 없어. 은사는 능력이고 이같이 은사 사용의 원리를 잘 배우고 은사를 바르게 사용하면서 선교의 동력을 일으키고 교회 성장 동력을 얻어야 할 거야.
- 요즘 한국교회에서는 은사 활동도 보기가 힘들어진 것 같은데 확실히 지성적 기독교로 치우치는 것이 아닌가 싶네요.
- 하워드 스나이더 박사가 21세기를 맞이하기 20여 년 전에 쓴 《21세기 교회의 전망》이라는 책에서 여러 가지 변화의 조짐에 관한 이야기를 하는 중에 특히 오순절 교회의 성장에 주목하고 오순절 계통의 교회가 세계 교회 성장에 막대한 영향을 줄 것이라고 전망한 적이 있는데, 그대로 진행되어 왔어. 이미 세계 기도 정보의 내용을 들어 이야기했거니와 오순절 계통의 은사 사용자 교회를 통하여 세계 교회가 아직 성장하고 있다면 왜 그러겠는가?

- 능력을 사용하기 때문이겠지요? 성령의 능력?
- 성령의 은혜 아니면 개인적 신앙도 무기력한 것이고 교회도 동력을 잃게 되는 것이 아니겠나?
- 한국교회의 새로운 동력은 성령의 은혜와 은사의 회복에서 찾아야 하겠군요.

영성 세계로의 여행 4

성령 영성 성령의 능력으로 갈릴리에

1판 1쇄 인쇄 _ 2020년 10월 14일
1판 1쇄 발행 _ 2020년 10월 24일

지은이 _ 이강천
펴낸이 _ 이형규
펴낸곳 _ 쿰란출판사

주소 _ 서울특별시 종로구 이화장길 6
편집부 _ 745-1007, 745-1301~2, 747-1212, 743-1300
영업부 _ 747-1004, FAX 745-8490
본사평생전화번호 _ 0502-756-1004
홈페이지 _ http://www.qumran.co.kr
E-mail _ qrbooks@daum.net / qrbooks@gmail.com
한글인터넷주소 _ 쿰란, 쿰란출판사
페이스북 _ www.facebook.com/qumranpeople
인스타그램 _ www.instagram.com/qrbooks
등록 _ 제1-670호(1988.2.27)
책임교열 _ 최진희·최가영

ⓒ 이강천 2020 ISBN 979-11-6143-454-4 94230
　　　　　　　　 979-11-6143-450-6(세트)

책값은 뒤표지에 있습니다.
이 출판물은 저작권법에 의해 보호를 받는 저작물이므로 무단 복제할 수 없습니다.
파본(破本)은 구입처에서 교환해 드립니다.